Global Tourism

グローバル・ツーリズム

Sungsook Kang
姜　聖淑　著

中央経済社

まえがき

　グローバル・ツーリズムとは何か？　その本質は異文化理解にある。
　私は日本に旅行したことがきっかけとなり日本旅館の女将に興味を持ち，日本特有のサービス文化を研究テーマとして選んだ。観光学との出合いは深く考えずいつの間にかその世界に入っていた。思い起こせば，20年前にはあまり知られていなかった「観光学」が今は流行りの学問となろうとしている。今回の出版は，まだ数少ない「博士（観光学）」を持っているものとして「観光」をわかりやすく整理しなければという義務感も働いていた。まさしく，観光に対する考え方が転換期を迎えている今の時点でまとめておこうと考えた。
　本書では，"観光"という現象をわかりやすく理解していただきたく，大きく3つのアプローチを用いてクローバル・ツーリズムに関わる諸課題を幅広く取り扱っている。各部門はそれぞれ3ないし4つの章から構成されている。
　まず第Ⅰ部では，著しく変化している「グローバル・ツーリズムをめぐる環境」について書いている。すでに日本のツーリズムマーケットも国内旅行からインバウンドへ変わりつつある。そこで，インバウンドをより深く理解するため，グローバル・ツーリズムとは何かを整理している。観光とは「特定の文化圏に属する人間が他の文化圏と出会うために，人間が作り上げた文化的システム」といわれている。したがって，ツーリズム・ビジネスをめぐる現代的現象，ツーリズム・ビジネスの仕組みを理解するとともに，ますます多様化していくことを理解してほしい。その一例として，都市が観光との関わりを持つプロセスをMICE誘致の現場から理解してもらおうと考えている。さらに，観光資源の観光対象化に伴う地域社会とツーリストの問題にも踏み込んだ。そこで「韓流」を事例に挙げながら文化消費を考察している。
　第Ⅱ部は，「ツーリズムを人間行動とツーリズムを支えるビジネス」を取り上げている。ツーリズム・ビジネスとは，ツーリストのニーズを充足させる多

i

様な活動を総称し，広い意味では行政と地方自治体，狭義の意味では民間ビジネスによるものを指す。観光は，人の移動の長い歴史を経て，産業革命を背景として，マスツーリズムへと発展してきた。まず，人の移動を支えるルート（鉄道など交通網）と，トーマス・クックによるパッケージ・ツアー（団体旅行）が，観光をマスツーリズム化する。そこで旅行者を滞在させるホテル産業が成立する。日本的特性といわれるおもてなしの競争力がグローバルマーケットでも通用するのかについても考察している。その後，観光行動の多様化に伴う伝統的宿泊施設の創造と再発見についても議論することで，ますます深まる生活文化の資源化の方向性と観光客が求めるツーリズムの形について理解を深める。昨今，膨張するグローバルマーケットをめぐる各国の目的地ブランド戦略について観光大国と言われるフランスの事例をあげ，観光と地域社会との関わりを学ぶ。

　第Ⅲ部では，遊びと人間について学ぶ。ツーリズムは楽しみを目的とする人間の行動である。遊びという概念が観光ビジネスに深く関係している。遊びは人間が生きるための一つの重要な要素かもしれない。まずは，遊びという概念について議論する。最近ホットな話題になったIR構想，カジノのゆくえについても考える。

　さらにより広く，観光客を来てもらうための情報を取り扱い，観光客を満足させ，再訪問させるためのマーケティングなどを全てのビジネスの基本と仕組みを考えることが必要である。しかし，ここでは観光という地域資源を活用することに重点が置かれていることから「持続性」が重要なキーワードとなる。観光を手段とする地域振興には持続可能性が必要不可欠だ。

　すでに一部の地域では観光客の集中により収容能力をはるかに超える観光客が押し寄せ，オーバーツーリズムという用語が出現するまでになった。

　伝統的・典型的なビジネスから情報技術の発達に伴い，ツーリズム・ビジネス環境の新しい傾向を横断的に捉える必要がある。今後の観光ビジネスの新たな発展可能性も考えてみたい。

　本書は凄まじい変化を見せているツーリズム分野においてその本質＝基本概

念をむしろ大事にすることで，観光学を学ぶ学生だけでなく現場で観光に携わる方々により役立つことを願う。

　訪日外国人が2,000万人を超える中，実際に，教育現場で，観光ビジネスを教えるのに適したテキストはきわめて少ない。また，最近のインバウンドと関係する国際観光についても特定分野（文化人類学や社会学）に特化した内容も浅い。ツーリズムについて本質的な理解とともに，実際に観光経営人材や地域経営の分野でグローバル・ツーリズム・マネジメントのあり方に関心が寄せられるようになった。

　観光学は間口が広い学問であり，さまざまな学問分野からの影響も無視できない。本書では学問と実践を両立される多くの先生方にコラムをお願いした。制約が多い原稿を快く引き受けてくださった，国際会議協会（ICCA）アジアパシフィック部会担当理事の西本恵子先生，関西学院大学大学院経営戦略研究科先端マネジメント博士後期課程の米田晶先生，韓国DONG-EUI大学教授Yoon, Tae-Hwan先生には深く感謝したい。

　本書は帝塚山大学経営学部の学生に7年間講義した「観光ビジネス」の講義ノートを基にして執筆した。2010年4月の着任から始まった「観光ビジネス」講義の7年間の成果でもある。また，京都大学経営管理大学院で「おもてなし経営論」も2016年から継続して担当している。経営管理大学院長の原良憲先生の研究チームとは2007年から一貫して日本のおもてなしのような経験や勘に基づくサービス手法に科学的にアプローチし，リピート率を上げる仕組みを考察してきた。観光分野での高度専門サービス人材育成に注目している。

　今回の出版にあたり，「帝塚山学園学術研究等出版助成金」をいただいた。
　また，今回の出版を引き受けて下さったのは，中央経済社であった。中央経済社の酒井隆氏とは，『女将のおもてなし経営』（2013年）の編集者として出版の道に案内してくださった。単著としてはじめての出版で業界・学会での身に余る光栄な賞をいただき，研究者としての励みになった。今回，単著としては2冊目の出版にも快く応じてくださった。酒井氏は心からのご協力と激励をい

ただき，形にしてくださった。厚く御礼を申し上げたい。

　最後になるが，私事ながら愛する家族への感謝を述べることを許していただきたい。愛する家族からの支えと励みがあったからこそ常に前に進むことができた。心から深く愛と感謝の気持ちを伝えたい。

　平成31年2月

姜　聖淑

目　　次

まえがき　i

第Ⅰ部　グローバル・ツーリズムをめぐる環境

第1章　グローバル・ツーリズムへの扉／2
- 1-1　ツーリズム・ビジネスをめぐる現代的現象
　　　──インバウンド　5
- 1-2　今なぜ，インバウンドなのか　7
- 1-3　国内からグローバルへの観光マーケットの移動　9
- 1-4　ツーリズム研究へのアプローチ　12

第2章　ツーリズム・ビジネスをめぐる現代的意味／15
- 2-1　ツーリズムの語源と定義　15
  - 2-1-1　ツーリズムの語源　16
  - 2-1-2　ツーリズムの定義　17
- 2-2　ツーリズムの構造的理解　21
- 2-3　ツーリズム・ビジネスの特性と仕組み　23
  - 2-3-1　ツーリズム・ビジネスの特性　23
  - 2-3-2　ツーリズム・ビジネスの仕組み　24
- 2-4　観光システム　25
- 2-5　マスツーリズムの誕生と近代観光事業　28
- 2-6　大衆消費社会
　　　（The Age of High Mass-Consumption）　29

目　次

　　2-7　観光の幅を広げる，MICE誘致　31
　　Column01：災害復興と国際会議・35

第3章　ツーリズム・ビジネスの資源としての
　　　　伝統文化と大衆文化／41
　　3-1　観光資源とは　41
　　3-2　観光におけるポップカルチャーの果たす役割　46
　　3-3　ポップカルチャーの観光資源化
　　　　　――韓流・K-POPで観光客を誘致する！　48
　　　3-3-1　人の観光資源化に成功―韓国ドラマからK-POPへ　48
　　　3-3-2　韓流の文化消費からディアスポラ・ビジネスへの
　　　　　　新たな展開　55

第Ⅱ部　ツーリストの行動と，
　　　　ツーリズムを支えるビジネス

第4章　観光行動
　　　　――観光のまなざし／62
　　4-1　観光行動（tourism behavior）　65
　　　4-1-1　ツーリストの類型化　66
　　　4-1-2　訪日外国人旅行者の観光行動の変化　70
　　4-2　観光情報　72
　　4-3　観光地選択　75
　　4-4　観光地における経験価値　77
　　Column02　観光大国フランスの目的地ブランド戦略・81

目　次

第5章　旅行業のゆくえ／85

5-1　近代観光とトーマス・クック　85

5-2　日本の近代化と観光　88

5-3　旅行業とは　89

5-4　マーケットの変化によるビジネスモデル転換　93

5-5　グローバル化における旅行業の地殻変動
　　　――IT企業の参入　95

5-6　大手旅行業の交流ビジネスへの転換とベンチャー企業のチャレンジ　97

　5-6-1　顧客参加型マーケティングシステム構築
　　　　―クラブツーリズム　97

　5-6-2　「みんなで旅をつくる」ソーシャル旅行サービス，トリッピース　99

第6章　ツーリズム・ビジネス　　　　　　――宿泊ビジネス／101

6-1　宿泊ビジネスから学ぶ　102

　6-1-1　宿泊施設の歴史的変遷　102

　6-1-2　近代
　　　　――チェーンホテルの誕生とホテルオペレーターの成立　103

6-2　日本の宿泊施設の変遷　104

　6-2-1　日本のホテル市場の起爆　108

　6-2-2　宿泊施設の類型と呼称　110

　6-2-3　旅館業とホテルのトレードオフ　112

6-3　宿泊ビジネスの特性　114

6-4　宿泊ビジネスの分類　117

　6-4-1　ホテル経営のポイント　118

　6-4-2　ホテル経営の展開方式　119

6-5　新しい動き，シェアリングビジネスAirbnb　120

第7章　日本から世界へ，おもてなし文化を競争力として／123
　　　7-1　訪日外国人の消費額の内訳　124
　　　7-2　世界観光競争力ランキング　127
　　　7-3　ハイコンテクスト文化とローコンテクスト文化　129
　　　7-4　サービス潜在力と日本的特性，おもてなし　130
　　　7-5　伝統生活文化の価値　134
　　　　　7-5-1　旅館女将のおもてなしをどのように捉えるのか　134
　　　　　7-5-2　韓国における伝統的宿泊施設の創造と再発見　136
　　　　　7-5-3　生活文化の観光資源化　137
　　　7-6　クリエイティブツーリズムの登場　139

第8章　ツーリズム・ビジネスにおけるサービス人材／144
　　　8-1　日本のツーリズム・ビジネスの雇用創出効果　144
　　　　　8-1-1　ツーリズム・ビジネスの雇用をめぐるジレンマ　145
　　　　　8-1-2　観光地の人手不足の解決策は？　146
　　　　　8-1-3　適材適所の人材づくり　149
　　　8-2　真実の瞬間（Moments of Truth：MOT）の重要性　152
　　　　　8-2-1　おもてなしのウソ　153
　　　　　8-2-2　接客態度　157
　　　　　8-2-3　従業員の感情は顧客の感情となる！　158
　　　8-3　サービスではプロセスが大切　159
　　　8-4　観光サービス価値を高める人材の潜在的能力とは　160

目　次

第Ⅲ部　遊びと人間

第9章　観光による文化の再発見
　　　　――巡礼とテンプルスティ（temple stay）／166

　9-1　めぐる行動と滞在（ステイ）行動　166

　9-2　巡礼の多様な意義　169

　9-3　日本の巡礼による示唆から自国の文化観光の
　　　　再創造へ　171

　9-4　文化の再創造としてのテンプルスティ（temple stay）
　　　　172

　9-5　韓国におけるテンプルスティがもたらした
　　　　文化観光の現代的意味　177

第10章　持続可能な観光へ
　　　　―― IR構想，カジノだけではないその先へ／182

　10-1　ホモ・ルーデンス　182

　10-2　IR（Integrated Resorts，複合型リゾート）構想　183

　10-3　持続可能なツーリズムマネジメントへ　186

　10-4　今後のグローバル・ツーリズムのゆくえ　190

　Column03：アジアのIR事例―シンガポール・194

《索引》・197

第Ⅰ部

グローバル・ツーリズムをめぐる環境

第Ⅰ部　グローバル・ツーリズムをめぐる環境

第1章

グローバル・ツーリズムへの扉

　ツーリズムとはなにか。その本質は異文化理解にある。今，なぜグローバル・ツーリズムなのか？　年々凄まじい勢いで膨れ上がる国際観光客をめぐる世界各国の競争は激しさを増している。また，国際観光客の増加に伴い，観光地の国際競争力の問題，さらに，類似の観光資源を提供している地域間の集客をめぐる新たな経営問題など，観光ビジネスも大きく変化している。さらに，国際観光客を生み出す主な国際観光市場は，以前はヨーロッパとアメリカに集中していたが，近年のアジア太平洋市場の経済成長に伴い，アジアからの観光客が著しく増加している。したがって，どうすれば観光地が競争優位の持続性を保つことができるのかが観光地にとっての喫緊の課題となっている。
　まず，観光目的地には，観光客に情報を伝達し，お金と時間という貴重な対価を払わせるに値するだけの魅力（attractions）が必要である。その魅力には，社会的変数，文化的変数，人文的変数が影響を与える。
　世界観光機構（UNWTO, united nations world tourism organization）の世界観光指標（world tourism barometer）によると，国際観光客到着者数でみたグローバルなツーリズムマーケットは，1950年にはわずか2,500万人であったが，その30年後の1980年には2億7,800万人に，2000年代に入ってからは過去7年間（2010〜2016年）で年平均4.5％の成長をみせ（UNWTO, 2017），2017年にはついに13億2,200万人となった。2020年には15億6,000万人，2030年には18億人に達することを予測している。その背景にはめざましい経済成長をとげているアジア地域における観光による人の移動が目立っており，今後ます

ます盛んになる兆しがみられる。

　Urry（1990）は，観光客が日常生活を送っている居住地の社会的環境，習慣および規範によって醸成された文化と，観光目的地の文化との違いが観光において重要な要素であるとした。言い換えれば，文化は国家ブランドを形成していく上でも，極めて重要な役割を果たしている。そのような魅力的な文化を持つ国が，最も観光客から選ばれるのではないか。

　図表1－1は国際観光客到着数が最も多い国のランキングである。また，国際収入および国際支出のデータも含めている。

図表1－1　国際観光客到着数・国際収入・国際支出のランキング

2016年	到着数，万人（順位）	国際収入，億米ドル（順位）	国際支出，億米ドル（順位）
フランス	8,260（1）	431（5）	405（5）
アメリカ合衆国	7,560（2）	2,059（1）	1,236（2）
スペイン	7,556（3）	603（2）	202（13）
中国	5,927（4）	444（4）	2,611（1）
イタリア	5,237（5）	402（6）	250（8）
トルコ	3,948（6）	187（17）	32（43）
イギリス	3,581（7）	396（7）	405（4）
ドイツ	3,557（8）	374（8）	811（3）
メキシコ	3,496（9）	196（13）	102（27）
タイ	3,255（10）	499（3）	83（33）
オーストリア	2,812（11）	193（15）	95（29）
マレーシア	2,675（12）	181（19）	95（28）
香港	2,655（13）	327（9）	242（10）
ギリシャ	2,477（14）	146（23）	―
ロシア	2,455（15）	78（36）	240（11）
日本	2,403（16）	307（11）	185（16）
カナダ	1,997（17）	182（20）	291（6）
サウジアラビア	1,804（18）	111（30）	187（15）
ポーランド	1,746（19）	110（31）	54（37）
韓国	1,724（20）	172（21）	266（7）

注：国際観光収入は，換算時点での為替レートにより数値が変動する。
　　最新年に関しては暫定値である（一部未発表の国あり）。
　　なお，国際旅客運賃による収入は，本欄の数値に含まれていない。
出典：UNWTO（2015）「UNWTO Tourism Highlights」

フランス，アメリカ合衆国，スペイン，中国，イタリア，トルコ，イギリス，ドイツ，メキシコは常に上位を占めている。さらに，世界観光機構（UNWTO）は，国際観光収入（international tourism receipts，旅行先の国（地域）が海外旅行客から得る収益）の国別順位として，以下の国（地域）をあげている。1位はアメリカで2,059億米ドル，2位はスペインで603億米ドルと，その差は大きい。国際観光支出（international tourism expenditure，海外旅行者が旅行先の国（地域）へ支払う消費額）においては，人口の比率も考慮すべきではあるものの，中国とアメリカが2,611億米ドルと1,236億米ドルで圧倒的な国際観光消費国である。アメリカと中国からの観光客の移動は，観光において大きな影響を与えていることがわかる。ちなみに日本の国際観光収入は，2016年は306.78億米ドル，2015年は249.83億米ドル，2014年は188.53億米ドルであった。一方，国際観光支出の国別ランキングをみると，収支のバランスが取れていない国も多くみられる。世界各国では国際観光収入を増加させようと，観光の巨大マーケットをめぐるいろいろな政策が打ち出されている。

しかしながら，最近の観光はあまりにも経済的な側面ばかりに光を当てられている。実は，その弊害も大きく，観光の影の部分としてオーバーツーリズム（over tourism）という用語が出現するまでになった。LCC（ローコストキャリア，Low-Cost Carrier）の登場，AirbnbなどITの発達に伴い，格安旅行者が集中する地域からの悲鳴が聞こえ始めた。オーバーツーリズムとは，観光地に対応能力（耐えられる）以上の観光客が押し寄せる状態のことを指し，すでに各方面でさまざまな問題が発生している。例えば，渋滞，ゴミ問題，地価や物価の上昇，さらには観光収入が地域住民にではなく巨大な多国籍企業に吸収されたり，観光客の受け入れ体制を整えるためのインフラに費用がかかり過ぎたりするなどの問題が，ヨーロッパのアムステルダムやヴェネチアだけでなく，京都でもすでに顕在化している。

観光の本質が"楽しみを目的とする人の行為"であることから，本書ではまずグローバルツーリズムをより深く理解するためにも異文化理解とはなにかを整理する。山村（2003）[1]は，グローバルビジネスの本質は「自文化と異文化

との交流」であるとしている。このことから，観光とは「特定の文化圏に属する人間が他の文化圏と出合うために，人間が作りあげた文化的システム」であることに間違いない。さあ，グローバル・ツーリズムをめぐる観光学の旅に出てみよう。

1-1　ツーリズム・ビジネスをめぐる現代的現象
　　　　──インバウンド

　日本へのインバウンドに変化がみえたのは21世紀になってからである。観光立国を国の重要な施策の一つに掲げた観光立国推進基本法が2006（平成18）年に成立し，2007年1月1日より施行された。その翌年の2008年には観光庁が設置された。これら一連の動きの中で官民挙げてさまざまな振興策がとられた結果，訪日外国人旅行者数は2013年以降急増した。2005年に673万人であった訪日外国人旅行者数は，2015年には1,974万人を数え，訪日外国人旅行者数が日本人海外旅行者数を上回ることになった。

図表1-2　観光立国推進基本法の概要

目的	観光立国の実現に関する施策を総合的かつ計画的に推進し，もって国民経済の発展，国民生活の安定向上および国際相互理解の増進に寄与すること
基本概念	観光立国の実現を進める上での ① 豊かな国民生活を実現するための「住んでよし，訪れてよしの国づくり」の認識の重要性 ② 国民の観光旅行の促進の重要性 ③ 国際的視点に立つことの重要性 ④ 関係者相互の連携の確保の必要性 を規定
関係者の責務など	① 国の責務：観光立国の実現に関する施策を総合的に策定，実施する。 ② 地方公共団体の責務：地域の特性を活かした施策を策定し実施。また，広域的な連携協力を図る。 ③ 住民の責務：観光立国の重要性を理解し，魅力ある観光地の形成への積極的な役割を担う。 ④ 観光事業者の責務：観光立国の実現に主体的に取り組むよう努める。

出典：観光庁（http://www.mlit.go.jp/kankocho/kankorikkoku/kihonhou.html）

第Ⅰ部　グローバル・ツーリズムをめぐる環境

図表1－3　日本人の海外旅行者数，訪日外国人旅行者数の状況比較

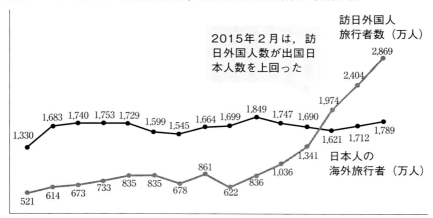

出典：日本政策観光局（JNTO）「訪日外国人旅行者数・出国日本人数の推移」に基づき，著者作成

　訪日外国人旅行者急増の大きな要因としては，ビザ要件の緩和，免税措置をはじめとするビジット・ジャパン事業の展開，円安基調，近隣諸国の観光旅行の緩和や解禁などがあげられる。日本政府は，2020年の訪日外国人観光客数の目標人数を4,000万人とし，8兆円規模の経済効果を見込んでいるが，その数字はより大きく修正されるかもしれない。観光庁は，2017年訪日外国人旅行消費額が4兆4,161億円であり，年間で初めて4兆円を突破したと発表した。

　このようなインバウンドによる新たな社会現象が起きたのも，ここ数十年の間の劇的な変化によるものである。最近では，メディアでもインバウンド（Inbound）という用語を頻繁に耳にするようになった。JTB総合研究所の用語集によると[2]，インバウンドとは，外国人が訪れてくる旅行のこと。日本へのインバウンドを訪日外国人旅行または訪日旅行という。これに対し，自国から外国へ出かける旅行をアウトバウンド（Outbound）または海外旅行という，とある。以前は，アウトバウンドとインバウンドのバランスの悪さに悩む日々であったが，2015年，ついにインバウンドとアウトバウンドが人数で逆転

する現象が起きている。これでインバウンドとアウトバウンドのアンバランスがある程度解消されはしたものの，今後の日本では，よりグローバルな視点を持つ人材が必要となるため，日本人が世界の文化をみて交流を楽しむアウトバウンドによる観光がさらに求められるようになるであろう。

1-2　今なぜ，インバウンドなのか

　なぜ，インバウンドが国の政策として大きく取り入れられるようになったのか。その背景に注目してみたい。そこには日本の人口減少との深い関係がある。

図表1-4　日本の人口減少・少子高齢化の推移・予測

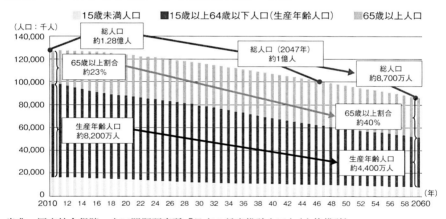

出典：国立社会保障・人口問題研究所「日本の将来推計人口」（中位推計）

　一つ目は，日本において進行している少子高齢化に関連がある。長期的にみて旅行に関する国内需要の大幅な増加は望みにくい（旅行可能人口の減少）。
　日本の人口構造から，世界に類をみないほどのスピードで少子高齢化が進んでいることがみてとれる。観光庁の2016年度の発表によれば，2047年には総人口が1億人となり，2060年には8,700万人となるということである。中でも最も厳しいのは生産年齢人口が2010年の半分になることであった。この課題をど

のように解決すべきなのかが検討され，観光による外からの消費人口を一時的にでも膨らませる政策がとられた。観光はその定義からもわかるように，必ず自国に帰ることを前提としており，訪問先で報酬を得る仕事に就くことを認めていない。したがって，観光消費が促進され，経済効果が図られることとなる。2016年に政府が発表した「明日の日本を支える観光ビジョン」では，"観光産業"を地方創生の切り札として，国の基幹産業の一つとして，長年の景気低迷を克服する手段として，そしてGDPは，600兆円を達成させる成長戦略として位置づけられている。その成果もあり，2017年には訪日外国人は2,000万人を超え，経済効果も4兆円に達するまでに成長した。一般的に，人口減少の対策として移民政策をとる国が多い中で，日本はその代案としてインバウンド政策に期待している。

二つ目は，地域における産業の空洞化が進みつつあることと関連がある。日本では人口が大都市に集中することによって地域が疲弊している。それに伴って地域産業の空洞化が進行している。過疎地に訪日外国人が訪れ，観光消費が発生することで地域内需要が拡大し，地域活性化に有効である。例えば，地域に訪日外国人8人が1泊すると，定住人口1人分の年間消費額と同じだけの旅行消費額が発生する。これが国内旅行者であれば25人分，日帰り旅行者であれば80人分の旅行消費額に当たる。サービスが中核を成す観光業においては，対応する人数も重要な要素となる。国がインバウンド誘致に力を入れているのも理解できよう。

このような周囲の観光に対する期待とは異なり，観光地のサービス人材の確保，定着，育成の課題が大きくなりつつある。UNWTOの長期予測によれば，2030年までの間に国際観光客数は，年平均3.3%増加していくと予測されている。これが実現するとなると，理想と現実との間の乖離はますます大きくなるだろう。世界共通の指標でみると，日本は2014年度でGDPは7.5%，雇用は14人に1人，観光輸出額は207.9億米ドル，全世界の輸出額の2.6%を占め，全サービスの17%を占めている。このことから，観光産業の伸び代が期待できるものの，実際の現場ではサービス人材が確保できず大変厳しい状況におかれている。

1-3　国内からグローバルへの観光マーケットの移動

　ここで、グローバル化について解説する前に、国際化（internationalization）とグローバル化（Globalization）の用語を簡単に解説してみたい。本書は基本的に全世界を一つのマーケットとして考えるグローバル化に視点をおく。また、観光は、国ごとに戦略を変えるという発想はなかなか難しい。特定の国や民族の宗教・文化的習慣など、異文化理解ができないといけないものの、インバウンド観光という視点からは多様な国からの訪日外国人を国別に考えることは難しい現状でもある。
　一方、国家政策あるいは産業になると、例えば、ホテルチェーンが、グローバルスタンダード（Global Standard）に基づき、国ごとに地域ごとにローカライズ、現地化することは戦略の一つの要素になりうる。案外に複雑な関係である。では、そもそも国際化（internationalization）とグローバル化＝世界化（Globalization）の基本概念はどのようなものなのか。国際化は、前述したように二国間関係の取引で互いに活発化させるために、門戸開放、国内外政策、制度を変えることである。国境の区分を持つことで国家中心の相互依存関係になる。その活動範囲も互いの国に限ることだ。一方、グローバル化は、国境の意味が薄くなり、全世界が一つの経済圏として浮上する。国内外の取引区分がなくなる。海外進出においても現地化が進む。国家・企業共存の世界化体制を構築する。世界人としての価値観が求められる。では、観光に戻ろう。
　世界的ツーリズムマーケットの拡大に伴い、日本でも2020年の訪日外国人観光客数目標人数2,000万人が2016年にすでに達成されたため、政府は2020年の目標人数を4,000万人に倍増させるなどインバウンド観光に対する期待が高まっている。また、2020年度には東京オリンピックというメガイベントが開催されることもあり、日本のツーリズムマーケットが今後大きく拡大することが期待されている。訪日外国人による経済効果の増大に期待が高まる一方、宿泊施設が不足するなどのインフラに関するいくつかの課題も指摘されている。こ

れは，マスツーリズムの特徴でもあろう。常に人の大移動には，アシ（交通手段）よりハコ（宿泊施設）の問題が起こる。宿泊需要増加という環境への対応が必要となってくる。

一方，地方の観光にもその現象が起きているのかというと，残念ながら訪日外国人はゴールデンルートと呼ばれる特定の大都市に集中し，地方はそこまで賑わっていない。日本では，都心部はホテルが，地方・観光地には旅館が以前から棲み分けをし，国内観光客の受け皿となっていた。しかし，インバウンドの場合には少し状況が異なり，都市観光を中心におくので都心部のホテル不足が深刻になる。その集中現象をどのように地方に分散させるのかが今後の大きな課題となる。図表1－5の通り，全体旅行消費額は，まだ国内宿泊旅行が大きく占めており，一部の地方の元気な旅館は国内向けだけでも問題ない。そもそも日本の観光マーケットは国内観光が支えてきた。ホテルに比べると全体の稼働率には大きなギャップが生じた。2017年，観光庁の発表によれば，シティホテルは79.4％，ビジネスホテルは75.4％，リゾートホテルは57.8％，旅館は38.1％の稼働率となり，集中現象が目立つ。

図表1－5　国内における旅行消費額（2017年）

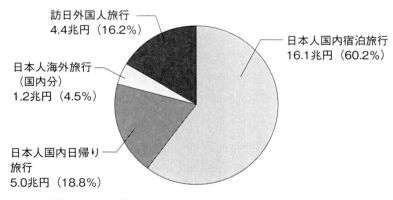

出典：観光庁「旅行・観光消費動向調査」より

第 1 章　グローバル・ツーリズムへの扉

　地方観光は，訪日外国人にとってもニーズはあるものの，訪日外国人の半数近くが，アクセスが便利で，商業地が集積している東京と大阪に集中しており，両都市におけるホテル不足は深刻な問題となっている。

図表 1 － 6　旅行消費額の推移について（2010～2017年）　　　　　　　　　　（兆円）

年　度	2010	2011	2012	2013	2014	2015	2016	2017
日本人国内宿泊旅行	15.4	14.8	15.0	15.4	13.9	15.8	16.1	16.1
日本人国内日帰り旅行	5.1	5.0	4.4	4.8	4.5	4.6	4.9	5.0
日本人海外旅行（国内分）	1.1	1.2	1.3	1.2	1.1	1.0	1.1	1.2
訪日外国人旅行	1.1	0.8	1.1	1.4	2.0	3.5	3.7	4.4
合　　計	22.7	21.8	21.8	22.8	21.6	24.8	25.8	26.7

出典：観光庁「旅行・観光消費動向調査」，「訪日外国人消費動向調査」より

　政府は「観光立国実現に向けたアクション・プログラム2015」において，宿泊施設不足への対応として対応能力に余力がある旅館，あるいは地方への誘客強化をあげている。また「観光ビジョン実現プログラム2018」では，サブタイトルとして「世界が訪れたくなる日本を目指して」を掲げ，日本が少子高齢化に伴う人口減少に直面している現在，観光が日本の地方創生の切り札であること，また観光が成長戦略の大きな柱であり，観光立国の道筋を具体的に示している。2016年に策定された「明日の日本を支える観光ビジョン」では，2020年の訪日外国人旅行客数4,000万人，旅行消費額 8 兆円などの目標を掲げている。グローバル・ツーリズムの意義は，旅を通じた民間外交の促進と他国からの支持や共感を得ることによって国際社会をより深く理解するための異文化理解などのよい効果があるが，これまでの日本はアウトバウンドが主力であった。時代は変わり，国は本格的にインバウンドに力を注ぐ戦略を立てている。

　時代の流れは，「中国人による"爆買い"」が流行語になるなど，インバウンドの経済効果に注目が集まっているものの，観光の本質は経済効果だけではない。国際観光の本質は異文化理解（＝他者理解）である。観光を学ぶことは，まず，人の移動という長い歴史から始め，産業革命でマスツーリズムに発展した。観光という語源から浮かぶように国の光（誇り）をみせて，観光客に来て

もらい，満足させ，また，来てもらうようにすることである。全てのビジネスの仕組みと同様である。いかに観光客を創造するのかが課題となる。

1-4　ツーリズム研究へのアプローチ

　観光学とは社会の中の"観光"という一つの現象を多様な観点から究明し分析する学問である。しかし，観光学の本格的なアプローチは1990年代以降だといえる。言い換えれば21世紀になってから，観光が大衆消費される時代になってからである。観光とは，観光客が一時的に日常生活圏を離れ，多様な活動をしながら訪問先の地域住民との交流を楽しみ，再び戻る予定での移動である。このような一連のプロセスの中，観光客の行動や形態に焦点をおく心理学，人との交流に関心をおく文化・社会学，人と財貨の移動による経済的流れに関心がある経済学，観光客の経営管理側面を重視する経営学などのアプローチが可能である。

　観光学は多方面からアプローチが可能な学際的な学問領域であり，体系化で

図表１－７　観光学へのアプローチ

きていない。しかし，学術研究としての歴史も浅いことを勘案すると，今後ますます発展していく学問領域であることは間違いない。

　社会科学の研究方法は，一般的に定量的研究と定性的研究に大別される。定量的研究は，社会現象の規則的・反復的な法則を発見すべき実証研究に基づいて数値を用いて記述し，分析し，理論的な解釈を説明する研究方法である。定量的研究の調査手法としては，アンケート調査などが代表的である。特徴としては浅く広く数値で表すことが可能なのでわかりやすい点にある。一方，定性的研究は，事例研究，深層面談，参与観察，エスノグラフィーなどが該当する。特徴としては深く狭く調べる手法で，近年，観光学においても質問紙調査を中心とした定量的研究の限界を補完するために，定性的研究も行われる傾向がみられる。定性的研究の手法には，さらに歴史と文献研究もある。加太（1995）[3]は，観光学研究は多方面からのアプローチが可能であるが，それらは三つに大別できるとしている。一つ目は，観光事業，施設建築，観光政策，交通産業，地域振興などをめぐる政策・経営論などの実学的なアプローチである。次に，地理学や地域学からの研究で，いわば土地の特性研究の一つである。最後に，民俗学，文化人類学，社会学などからの文化・社会科学的な関心からのアプローチがある。この三つは，さらに互いに領域を超えながら，景観論，比較文化論，南北問題，労働と余暇の問題，都市問題，環境問題，文化衝突の問題等へと拡張した。このような点から，観光研究は，本来，きわめて学際的な性格を持っている。そこで本書は，ツーリズム・マネジメントの領域から捉える。ツーリズム業界とホスピタリティ業界に含まれている全ての活動に関するマネジメントで，社会学の中でも経営学との関連が強い。

■注
1）山村高淑（2003）：「観光デザインという仕事！学びのヒント」，嵯峨芸術大学 http://hdl.handle.net/2115/38528（2018年7月21日閲覧）
2）https://www.tourism.jp/tourism-database/glossary/inbound/（2018年9月30日閲覧）
3）ジョンアーリ著・加太宏邦訳（1995）：「観光のまなざし―現代社会におけるレジャーと旅行」，法政大学出版局

第Ⅰ部　グローバル・ツーリズムをめぐる環境

[参考文献]

John Urry（1990）：Tourist Gaze：Leisure and Travel in Contemporary Societies, Sage Publications.

UNWTO（2017）：UNWTO Tourism Highlights, https://e-unwto.org/doi/pdf/1018111/9789284419296（2018年7月21日閲覧）

第 2 章

ツーリズム・ビジネスをめぐる現代的意味

　ツーリズム・ビジネスとは，観光客の観光行動実現に関わるニーズを満たす諸利益を組織的・継続的に提供する営利・非営利組織である。また，国内観光においては，国民の観光や地域の経済効果の促進，社会的・文化的な効果を高めることを，国際観光においては，国際文化の交流や外貨獲得を目的に行われるさまざまな事業の総称である。昨今，観光行動を支援・促進機能としての大枠ではなく，複雑化・多様化した観光消費というものに対応できるビジネスパラダイムへのシフトを求められている。ツーリズム・ビジネスは，IT産業の参入や，他産業との連携で，ますますその範囲が広くなりつつある。さらに，MICE（マイス），EXPO，学会，モーターショーなどの積極的誘致もみられる。本章では，ツーリズム・ビジネス全般にかけて幅広く理解することを目的とする。

2-1　ツーリズムの語源と定義

　Tourism=ツーリズムという言葉は，19世紀初期までは英語の言葉として存在していなかったといわれる。その当時まで"ツーリズム"という概念そのものが一般的に認識されず，概念としては存在しなかった（白井，2010）[1]。また，ヨーロッパでは，ツーリズムは，労働とは反対の概念として，余暇時間やレジャーと関連のある用語として説明される。岡本（2001）[2]は，touristは1800年ごろにあらわれ，1811年に，その概念として最初は，「何らかのモチベー

ション(宗教,教育,病気の療養ほか)を目的とした旅である」としている。

2-1-1　ツーリズムの語源

　Tourismの英語の語源は,ラテン語のTornus「ろくろ」に由来する。したがって,観光とは,他の国・地域の素晴らしい自然・文化などに接するために「各地を巡遊・回遊する」ことである。観光の本質は巡遊・回遊という「行動の形態」にあることがうかがえる。

　一方,東洋での"観光"という言葉の意味は『易経(えききょう)』の「観国之光,利用賓于王」,すなわち「国の光を観る,用て王に賓たるに利し」に由来する(今井,1987)[3]。今井の解釈に,中国の時代的背景を考えると,「観光之光」とは,ある国(地方)の文化や文明をみることで,見識を育てることである。いくつかの文献を整理すると15世紀までは「楽しむことが目的」ではなかったといわれるが,その言葉の裏には現代の意味のように「楽しみのための旅行(traveling for pleasure)」という「遊び」の意味が含まれていることは間違いない。また,もう一つ興味深い点がある。「観」という文字は二義を持ち,上から下には「示す」,下から上には「仰ぎ見る」の両方の意味を持つことでどのようなまなざしであったかも興味深い。大正以前にはむしろ原義にある「示す」の意味で用いられ,1855(安政2)年,徳川幕府はオランダから贈られた木造の蒸気船を「観光丸」と命名し,海軍の練習船とした。佐野藩が1864(元治元)年に開校した藩校は「観光館」と命名された。一方,「仰ぎ見る」の用例としては,1893(明治26)年,井上馨や渋沢秀雄らによって外国人客の誘致を目的とする「喜賓会」(welcome Society)が創立されたが,趣意書の中に「遠来の士女を歓待し行旅の快楽,観光の便利を享受せしめ」とあったという(國際観光年記念行事協力会,1967)。このように考えると,わが国で観光という言葉が用いられることは,この言葉に対する社会的通念は別として,語源に照らして意味深いことといえよう。言い換えれば,「観国之光」とは,ある国(地方)の文化や文明をみる行為であり,人々はそれぞれの見識や洞察力を持ってみることと解釈できる。

2-1-2　ツーリズムの定義

　ツーリズムについてのUNWTOによる定義から，現代の観光がなにを求めているのかがみえてくる。

　ツーリズムの定義は，「余暇やビジネスあるいはその他の目的のために日常生活圏を離れ，継続して1年を超えない期間の旅行をし，また滞在する人々の諸活動」と規定されている。また，ツーリストとは，日常生活圏外の地域を訪れ，滞在する人を指し，訪問地での滞在期間中，報酬を得る仕事に就かない人のことである。

> *Tourism is the act of travel for the purpose of recreation and business, and the provision of services for this act. Tourists are persons who are "travelling to and staying in places outside their usual environment for not more than one consecutive year for leisure, business and other purposes not related to the exercise of an activity remunerated from within the place visited"（official UNWTO definition）.*

　この定義は，国際観光客の統計をとるための定義に過ぎないという批判もある。一方，日本の観光の定義をみると，狭義の観光とは「日常生活圏から離れ，再び日常生活圏に戻る」一連の行動のことで，風物を楽しむことを指す。一方，広義の観光とは，このような一連の行動を，時間的，空間的，目的的側面から社会現象の総体として規定する定義である（鈴木，1984）[4]。

　研究者は自身の研究領域を土台としてツーリストを定義している。
- オギルヴィエ（F. Ogilvie）[5]は，"第1，1年を超えざる一定期間中，家を離れている事。第2，家をはなれている期間中，其の旅行先に於て金を消費し，しかも其の金は旅行地に於て取得したものでない事。"とし，ツーリストの移動を経済的，統計的に分析した。
- グリックスマン（R. Glücksmann）[6]は，観光の原因と結果と影響を解明しようとした。"ある場所における外来者というのは，その土地の人ではない

図表２−１　観光の範囲

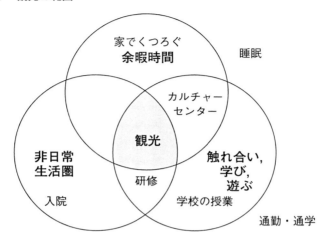

出典：運輸省運輸政策局観光部（1995），p.16

こと，つまりそこに定住している人ではないということである。観光事業とは，このような外来者の来る場所で営まれるものである。即ちそれは外来者と外来者が滞在する土地の人々の間の交互関係である。"と述べた。

・井上万寿蔵[7]は，人が日常生活圏を離れ，再び戻る予定で，レクリエーションを求めて移動することであると定義している。

多数の研究者の観光概念の定義を整理すると，観光とは，「余暇時間の中で，日常生活圏を離れて行うさまざまな活動で，触れ合う，学び，遊ぶということを目的とするもの」となる。また，観光統計が扱う「観光」とは，余暇，レクリエーション，業務などの目的を問わず非日常圏への旅行を指す。

ツーリズム・ビジネスの歴史はあまりにも浅い。特に，貴族や富裕層など一部の裕福な階層に限定された旅を一般庶民も楽しめるようになったのは近代以降のことになる。近代以降になると，ツーリズムの主流はイギリスの貴族の子弟が先進国の文化を学び，体験するためのグランドツアーから，一般大衆が参

加するマスツーリズムへと移行する。イギリスでは近代初期にはグランドツアーと呼ばれる貴族の子息のための「教養涵養」のヨーロッパ旅行が青年の自己啓発を促す通過儀礼の旅として慣習化していたが，時代が変わり中産階層も海外旅行をするようになった。しかし，多くの有識者はマスツーリズムへの派生に対して不満を募らせた。それは，一部富裕層，貴族階級など特権階級の人たちのためだけの旅行に，一般の中産階級も行けるようになったことへの批判でもあった。

　グランドツアーが流行り始めたのは，18世紀のイギリスの政治的安定と経済発展が大きな起爆剤となる。しかし，旅は大変困難なもので危険と苦難を伴うものであった。英語のトラベル（travel）の語源はトラブル（trouble）と同じであることや，日本語の「旅」の語源は，「他火」（他人の火を借りるという意味）とも「たべ」（給われ／物）の訛（なま）りともいわれていることから察すると，このような困難を排除できる人々は，ごく一部の富裕層や特権階級に限られる。

図表2－2　グランドツアー vs. マスツーリズム

	グランドツアー	マスツーリズム
スタート時期	16世紀	19世紀（？）
盛況時期	18世紀	1950以降（？）
旅行の主体	上流階級	中流階級
団体の規模	個人（＋随者）	団体
代表的旅行国	イギリス（＋フランス）	イギリス（＋フランス），アメリカ
旅行目的	教育	楽しみ
旅行の性格	能動的（Optic），主体的，冒険的，自由	受動的（Gaze），快楽的，固定化された旅程
旅行期間	普通2～3年	最大2～3ヶ月

出典：Sul, Hea-sim（2010）: Grand Tour vs. Mass Tourism?, p.112

　日本の平安時代の熊野詣でに行くのは多くは貴族階級であり，西洋のグランドツアーも当時の貴族の子弟が大半であった。その一方で，伊勢参りのような庶民の旅もみられる。伊勢参りは，江戸時代の1771年，日本の人口が3,110万

人といわれていた時代に，1,830万人が，1830年には人口3,220万人のうち428万人が参詣するなど，18世紀にはすでにマス化していた。伊勢参りの大衆化の背景としては，長期的平和による社会的安定と参勤交代制度の確立による街道と宿泊施設の整備ができたこと，ハード的な整備だけではなく御師(おんし)制度が大きな役割を果たしていた。御師は参詣者のために祈祷をしたり，宿泊場所を提供したりするなど，遠方からの参詣者に利便性を提供してきた。御師の主な役割は，日本各地を回りながら農民をはじめとする庶民にも伊勢神宮参拝の資金上の便宜を図るため，伊勢講を組織化し，代参のための組織的基盤を構築することであった。

伊勢参りの魅力の一つは信仰を高めることである一方，大坂や京都などでの物見遊山にあった。徳川幕府体制下では，庶民は居住地を離れられないが，湯治や宗教的な目的であれば移動が可能であった。1771年から"おかげまいり"とも呼ばれるようになったが，当時，お金がかかる旅に集落全体が一体となって，観光するための資金を募り，集落の代表者1人が順番に選ばれ旅に出られたことから，お蔭様で旅に出られたという意味を持っているともいわれている。江戸時代から明治になり，伊勢神宮は，御師制度や遊郭を廃止し，修学旅行の目的地として位置づけた。容易に旅をすること，大衆が手軽に安全に旅をして旅の魅力と効能を享受できるようにすることは，近代社会という時代の強い要請であった。

マス（mass）とは，地位，階級，職業，財産などの社会的属性を超えた，不特定多数の人で構成された集団である。特に重要なのは，量的概念より脱階級的属性を強調する点である。後述するが，旅の大衆化には，マスツーリズムの父とも呼ばれるトーマス・クック（Thomas Cook）の貢献度が大きい。

では，近代の観光とは何か？　余剰の資金と余暇という貴重な対価を払わせるに値するだけの魅力と効能を享受することである。

第2章　ツーリズム・ビジネスをめぐる現代的意味

2-2　ツーリズムの構造的理解

「観光」概念を捉えるための視点は，多様である。観光を一つの社会現象として理解するのは，その視点のうちの一つである。「観光という社会現象」として観光を捉えるということは，観光を個人に関わる"事柄"としてみるのではなく，不特定多数の集合である社会を単位としてみることである。この視点からみた「観光」は，観光に参加する人々の行動やそれを対象とする企業などの組織活動を社会的背景とともに分析することができる（図表2－3）。

「社会現象として観光を捉える」ということについて，前田（2010）[8]は，『現在観光総論』で，観光を構成する要素を「観光主体」と「観光客体」とに分離し，両者を結びつける役割を持つものとして「観光媒体」の概念を持つことの重要性について述べている。

図表2－3　観光の概念，観光を社会現象として捉える

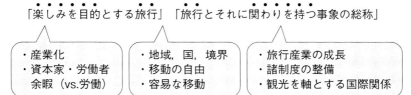

「楽しみを目的とする旅行」　「旅行とそれに関わりを持つ事象の総称」

- 産業化
- 資本家・労働者
  余暇（vs.労働）

- 地域，国，境界
- 移動の自由
- 容易な移動

- 旅行産業の成長
- 諸制度の整備
- 観光を軸とする国際関係

出典：前田勇（2010）：『現代観光総論』に基づき作成

このように観光を「観光主体」と「観光客体」に分けて認識し，それらを関係づけようとする組織的活動として観光ビジネスを構想することができる。また組織的活動とは，組織が目的を持って成立することから観光ビジネスの目的を「観光主体が効用を」と「観光客体が効果を」互いに高めあう活動としている。このような認識は，かなり以前から存在しており，すでに1800年代，産業化が進んでブルジョア資本家の力が増し，労働者も賃金を得て生活を営む近代社会が広がり始めるころには，観光が広く社会現象となるであろうという雰囲

気が社会全体にすでに広がり始めていた。このころからヨーロッパで行われてきた観光事業研究の多くには，このような主体客体論的な視点がみられた。

　ツーリズム・ビジネスは，「観光客（主体）vs. 観光地（客体）」，あるいは「客（主体）vs. 生産者（客体）」というような近代的な経済関係に基づく理解へと変化した。観光主体は観光者，厳密には観光客体は観光主体が働きかける対象という意味で用いられるべき用語であって，観光地や観光関係のサービスを提供する生産者とみなすのは軽率なことではあるが，観光客体の部分あるいはほぼ全体を人為的に供給できると考えることができるのであれば，それらの人々にとって観光主体と観光客体との関係は「需要 vs. 供給」という関係に読み替えうるものともなる。

　ツーリズム・ビジネスは，観光主体と観光客体の二項関係とみなし，そこにツーリズムビジネスが介在して観光客体をより観光主体の期待に沿うものとしていく。例えば，海がみたいというニーズを持つ観光客であれば，海の景色がキレイにみえる場所に案内することで，観光客のニーズあるいはウォンツを満たすことができる。また，観光者がどのような観光動機で来訪しているのかによって，購買行動は異なる。ツーリズム・ビジネスとは，観光客の期待を含む観光ルートを用意し，観光客のニーズに沿って移動する交通手段や海の風景がみえるところにホテルを作るというようなことをいうのである。

　観光行動をより顧客満足を効率的に極大化するために観光サービスを提供するツーリズム・ビジネスが成立している。ツーリズム・ビジネスとは，経済的利益を得ることを目的として，人々の観光レクリエーション旅行におけるさまざまな消費行動に対応した財・サービスを提供する企業の集まりのことである。しかし，利益を目的とする営利企業に限らず，行政や観光協会などの非営利団体も含まれている。観光ビジネスには「公共性が高い」という側面もあり，文化的，社会的な活用までが含まれており，産業が主目的としている経済的な活動だけに留まらない。

2-3 ツーリズム・ビジネスの特性と仕組み

2-3-1 ツーリズム・ビジネスの特性

　そもそも観光は楽しみを目的とする行動であり,「楽しい」とは,すなわち「遊び」である。

　人間が楽しみを感じるのは,「創意＝新しい思いつき」に出合う時であるとも指摘されている（山根, 2001）[9]。山根（2001）は,遊ぶたびに何が出てくるかわからないからこそ,楽しいとも述べ,それを新奇性（novelty）と呼んだ。遊びにマンネリを感じ始めると人々は飽きてしまう。エンターテインメントの本質が新奇性にあるとした。新奇性の概念は,過去の経験と現実に対する認識の差から説明できる。人々が観光する理由は,いつもとは違うなにか新しいことを求めるからである（Crompton, 1979）。自分の居住地では経験できないことが経験できるという欲求と期待は観光動機となる（Pearce, 1987）。このような新奇性は観光地の魅力として認識され,観光地の選好度を決める動機となる。

　そこで遊びを追求する人々を対象とした観光ビジネスについて考察する。視点が変わればビジネスのチャンスも変わることが,ここ数十年のツーリズム・ビジネスからみてとれる。

　まず,古典的なツーリズム・ビジネスの特質を把握してみよう。

　ツーリズム・ビジネスとは,観光者の欲求と要求を満たすような事業の総称である。広義には政府や地方自治体の活動を含み,狭義には民間企業によるものを指す。ツーリズム・ビジネスは,サービス産業の中でも最も大きい業態であることから,サービスビジネスが持っている特性と大差なく,サービスビジネスの特性である,①旅行商品は目にみえず,触れられず,所有権の移転を伴わない無形性,②旅から元の居住地に戻る一連の過程の中で観光商品の生産と消費が同時に起こる同時性（時間産業）,③在庫不可能な消滅性,④提供者によるサービス品質のバラつきが大きい異質性,⑤観光地における資源の魅力に

第Ⅰ部　グローバル・ツーリズムをめぐる環境

よる季節性，⑥週末などに観光客が集中するなど繁忙期と閑散期の差が大きい季節変動性，⑦景気に影響されやすい，所得弾力性が高いという特性を持つ。

2-3-2　ツーリズム・ビジネスの仕組み

ツーリズム・ビジネスは以下のようにまとめることができる。

（1）複合型産業である

旅行業，交通業，飲食業などの個別サービス業の複合体から成り立つ。

観光産業は観光者の多岐にわたる目的を達成させるために，複数のビジネス業態が連携する「複合型産業」であるといえる。旅行業の商品造成（創出）や情報提供などにより，交通業による観光客の移動が実現できるようになり，観光目的地の宿泊施設に泊まったり，エンターテインメント施設を活用したりすることができ，観光者は当初の目的を達成する。

（2）立地依存型の産業である（立地産業）

観光資源に依存する部分が大きく（どこにあるかが大きな問題），また観光資源は風光明媚（国立公園・山岳・海浜・湖沼・温泉地・歴史的街並み・伝統的）な農漁山村・特定の都市などの地域に限定されている。その結果，観光市場性・交通利便性に左右されることから「立地型産業」ともいえる。新幹線が通っているか，最近はLCCが飛んでいるかどうかが明暗を分ける。

（3）利用変動の大きな産業である（季節型産業）

観光需要の発生が季節，月，曜日，時間などによって大きく変動する。観光需要は季節や休暇が集中する時期によって偏りがある「季節型産業」である。そのギャップを埋めてくれるのが，訪日外国人観光客である。彼らは4泊5日，1週間，10日間などの期間，旅をし続けるため，国内観光者にみられる季節変動による問題がある程度解消される。

第2章　ツーリズム・ビジネスをめぐる現代的意味

（4）生産と消費の同時性

各産業が提供する商品やサービスは交通機関であれば座席であり，宿泊業であれば客室である。一定の空間が指定された日時に利用されなければならない，生産と消費が同時に起こる「時間産業」である。

（5）流行や情報の影響を受けやすい

旅行に対する価値観の変化が旅先の選択や行動に大きく影響し，ブームなどの現象を引き起こす。

（6）装置型産業

観光産業は交通機関，大型宿泊機関，大規模施設などにみられるように，初期に多額の投資が必要となる「装置型産業」である。

（7）可処分所得型産業

観光行動は，景気変動の影響を受けやすい「可処分所得型産業」である。

（8）情報・流行産業

観光行動は，そのときの話題性や時代のニーズに左右されやすい「情報・流行産業」ともいえる。

以上のような特性があることで，より多様なビジネスモデルが成り立つ。

2-4　観光システム

観光システムとは，観光現象の中，目標達成の効率性を極大化するための集合体として，全体を対象として相互・構造的関係を把握し，開放的環境で，適応し，連続的に反応する思考を基礎とする。Mill and Morrison（1992）は，目的地がマーケティング活動を実施する対象であり，潜在的旅行者は，出発地

で日常生活を送る人であるとした。彼／彼女らが旅行するか否かの意思決定は出発地で行われている。旅行の計画とは，誰と，いつ，どこへ，どのように，どんな目的で旅行するのかという旅の日程を具体化することである。目的地は，ツーリストの観光消費の場であり，ツーリストを呼び込んで，サービスを提供し，満足させられるか否かは観光対象（attraction）およびサービスの目的地ミックスによって決まる。

　一方，Leiper（1979）は，観光をツーリストが日常生活圏から離れ 1 泊以上，余暇時間に行われる旅行と関連する体系として説明している。観光を旅行者の日常生活の場である出発地から始まる一連のシステムとして捉えたLeiperは，観光システムの構成要素として，ツーリスト（tourist），出発地エリア（tourist generating regions），目的地エリア（tourist destination regions）を連繋している。Leiperは，観光研究が，多様で複雑な現象を総合的に扱わなければならないことから各分野に関する知識を断片的に取り上げるのではなく，事実に立脚し，多様な関係現象を理論的に体系化すべきであると主張した。彼の主張しているTourology理論をみると，観光は事実的・経験的な立場から大きく 5 要素が構成し相互作用をしている。そのシステム論的アプローチとは，ツーリズムは人的要素（ツーリスト），地理的要素として（①出発地，②移動ルート，③目的地），経済的要素（観光ビジネスおよび観光関連ビジネス）の三つの要素および各要素間の相互作用で構成される。人的要素であるツーリストが主体となって展開する一連のシステムであるとする捉え方である。人的要素であるツーリストとは， 1 泊する（日帰りツーリストを除外），会議や展示会などのビジネス目的ではなく（ビジネス客を除外），ツーリスト相手に報酬を得ることではなく（観光業従事者を除外），再び出発地に戻る（移住者を除外）人をいう。

　地理的要素には，出発地，目的地，移動ルートの三つの要素がツーリズム・システムに関与する。出発地（generating region）とは，ツーリストの日常生活の場であり，ツーリストを生み出す地域をいう。旅行起点および終点となる出発地には，潜在的消費者であるツーリストに直接マーケティング活動を実

図表2-4　ツーリズム・システム

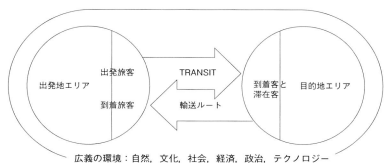

出典：Leiper（1979），p.404

施する旅行会社や観光プロモーション事務所および広告代理店などが分布する。いわばツーリズム・マーケットのある場所である。目的地（destination region）とは，ツーリストが一時的に滞在し，観光行動が実際に展開する場をいう。また，ツーリズム・システムが一時的に滞在し，観光行動が実際に展開する場をいう。また，ツーリズム・システムにおいて目的地はツーリストの満足度に最も大きな影響を及ぼす重要な要素である（Heath and Wall, 1992, Neal and Gursoy, 2008）。移動ルート（transit route）上にはツーリストを輸送する公共交通機関，一時滞在できる宿泊施設や飲食施設などが配置されている。

　これら三つの地理的要素から，ツーリズムとはツーリストが出発地から移動ルートを経て目的地に移動し，観光商品を消費した後，移動ルートを経て，出発地に戻るという旅行を前提としたプロセスであることを示している。ツーリズム・システムを構成する産業的要素とは，ツーリストの特定のニーズに応える意向のある企業や組織，施設であるツーリズム産業（tourism industry）を意味し，機能によってマーケティング，輸送，ツーリストの宿泊，観光対象，その他の観光サービス，観光事業法規に分類される。

第Ⅰ部　グローバル・ツーリズムをめぐる環境

2-5　マスツーリズムの誕生と近代観光事業

　「観光事業」という言葉から感じられるニュアンスは，一般的に「観光に関わり経済的利益をあげようとする活動」ではないだろうか（小谷，1996）。観光現象を観光主体や観光客体あるいは媒介などの要素間の関係としてみる場合，さらにそれを取り巻く社会の諸要素との関係において観光が認識される必要がある。観光事業＝経済的利益をあげる活動とみなされる傾向が強いのも，人々が社会の中の経済活動の諸側面との関連が強いためである。

　前田（1995）[10]は，「大衆観光すなわちマスツーリズムが近代における観光現象の最大の特徴であり，余暇時間や可処分所得の増大，楽しみを求める価値観の変化，都市化などの外的な要因がそれを加速した」と解説する。観光主体がマスツーリズムという多くの人々の参加を伴う時間的・経済的余裕を背後に持つとすれば，観光主体が観光に参加するか否かは余暇時間や可処分所得の有無によって左右される。また，彼らの観光事業に対する期待は，楽しみを求める対象の多様化，価値観の変化，都市化などの要因の影響を受ける。マスツーリズムという観光の現象をこのように社会の中の諸要素の説明変数として理解しようとすることが構造的理解の基本的な態度である。

　手軽で安全な旅ができる旅行会社が提供するパッケージツアーが，一般的かつ標準的な旅行商品となったこともマスツーリズムの普及に大きく貢献している。パッケージツアーを企画・販売しているのは，通常，出発地に拠点を構える旅行会社である。一般的に我々が考える旅行会社の利点は潜在的旅行者が居住している出発地から遠く離れた目的地の情報が入手できること，旅行目的でも人的交流を通じて人脈を形成しやすいことなどがあげられる。そして，出発地から遠く離れた目的地を経て再び出発地に戻ってくる旅行活動の全行程をコントロールすることで，手数料を受け取るビジネスモデルを構築する。そして，観光地にとってパッケージツアーのコースに組み込まれるということは，自動的に一定人数の旅行者がコンスタントに送られてくることを意味すると元Ｊ旅

行社の米田氏は説明している。

2-6　大衆消費社会（The Age of High Mass-Consumption）

　大衆消費社会（The Age of High Mass-Consumption）とは，所得水準が上昇し，人間の生存に必要不可欠なもの以外を国民大衆が購入・利用できる状態の社会を意味し，さらに，消費支出の動向（消費性向・支出費用配分など）が経済全体に強い影響を及ぼす社会を称しており，一般に消費者の影響力が大きな社会を意味している。

　アメリカ経済史学者ロストウ（W.W. Rostow）の『経済成長の諸段階』によると，全ての社会は「伝統社会」から「離陸先行期」→「離陸（Take-Off）」の段階を経て，「成熟化」→「高度大衆消費社会」へと移行するという。そこで，観光も標準的，同質的な"大量観光"が主役であったが，時代は今まで表層的文化消費観光のパラダイムから新しい傾向へシフトさせる。その現象として，ポストツーリズム，ニューツーリズムなどがみられる。

　日本はすでに成熟型消費社会に入った。人々はモノに対する所有よりは，経験すること，思い出として心に残ることに価値をおくようになった。例えば，アマゾンのあるコマーシャルは，過去時制（past tense）の時間的距離が解釈レベル（construal level）を媒介とした広告を制作した。解釈レベルとは，人は出来事や対象に対する心理的距離が遠いときにはより抽象度の高い解釈レベルで考えることである。あるお婆さんの若かりしころの思い出を孫が再現する場面だが，ネットでは泣けるコマーシャルとして話題になった。1人暮らしをしている祖母の家を訪ねた青年，オートバイのヘルメットを小脇に抱えて，祖父に寄り添っている若い頃の祖母の写真を見つける。青年は何かを思い立ったようにスマートフォンで注文。翌日届いたのはヘルメット。それをかぶった祖母が，青年が運転するオートバイの後ろに乗り，幸せそうに微笑む。このコマーシャルのねらいは老人の孤独をテーマとしたようだ。著者はこのコマーシャルで過去をストーリーにし，現在の行動につなげるところに感心した。

図表２－５　OLDツーリズムからNEWツーリズムへ

OLD	NEW
休養型	新しいことを経験する
大衆と同質	自ら行動する
無責任（Hear Today, Gone Tomorrow）	見て楽しむ，破壊はしたくない
Having	Being
最高のサービス（おもてなし）	現地状況を理解する
魅力的なものを選好	スポーツと自然を選好
慎重	冒険的
ホテルで安全に	現地人と同じ地元の食事
同質的	異質的

出典：Wang（2000），p.92

　観光のある時点でのストーリーは非常に重要である。未来は時間設定にある程度限界があるが，過去は近い過去より想像できないほど過去の方がノスタルジーを刺激する確率が高い。観光の場合でも同様で，先人のたどった道をひたすら歩くサンティアゴ・デ・コンポステーラが今なお目的地として人気であることや，ユネスコ世界文化遺産に人気が集中していることとも関連があると思われる。電通は，成熟消費社会の観光行動の特徴は，物欲よりもストーリー欲が効果を発揮する点だとしている。すなわち，ものを売るのではなく観光地や特産品の隠れたストーリーを売ることが求められていると説明している。

　観光客の価値観は間違いなくモノからコトへ移行しているが，その次は文化力であるといわれている。文化にはその土地に住む人々のストーリーが生きていると考えられている。文化とは意味を求められることであるが，文化価値をどのように旅に結びつけられるのだろうか？　まずは，経験したり，学んだりする，コトである。HavingからBeingへ，言い換えれば，単なる製品・サービスをモノとして売るのではなく，顧客のライフスタイルにおけるコンテクストとして消費を捉え，その過程で感覚や感情に働きかけることによって消費の意味づけを行うことを目的とする。例えばディズニーランドは，訪れる人の夢を叶える場所としてのコンテクストを提供し，リピーターを生んでいる。また，クラブツーリズムという旅行会社は，60歳以上の元気なシニア層に仲間作りを

一つのコンセプトとして提供し，旅が終わってから回顧する（＝思い出）時間を設けることで付加価値を生んだ。すなわち，思い出を想起しながら次回の旅を計画させているのである。思い出は個人が過去に経験し，感じたものから形成される自分だけのエピソードであるが，その思い出を他者と共有することでコミュニケーションの幅が広がり，絆が形成され，スムーズに仲間作りができるようになる。したがって，客がこの会社のリピーターとなる構造は非常にシンプルであるが，この会社の純利益は非常に高い。人々は思い出を買うために金を支払っているのだ。

次に，観光地や観光ビジネスにおいても顧客に感情を喚起させることで，集客や客単価の向上に結びつくことを考察する。

2-7　観光の幅を広げる，MICE誘致

MICE（マイス）とは，企業等の会議（Meeting），企業等の報奨・研修旅行（Incentive Travel），国際会議（Convention），展示会・イベント（Exhibition/Event）の総称である。MICEは2008年にシンガポールが提唱，アジア地域から世界に広まった。

2018年度，観光庁が実施した「MICE（マイス）の経済波及効果及び市場調査事業」[11]は，ビジネス目的で訪日するMICE参加者の個人消費額を調査しているものである。特にMICE（マイス）の「経済波及効果および市場調査事業」は，MICE（マイス）特有の国際会議や見本市などの主催者や出展者の支出は調査対象外であり，MICEの経済波及効果の全体像が把握できていないことから，初めてこれらも含めた経済波及効果の算出を行った。

平成28年度「経済波及効果および市場調査事業」調査概要は以下の通りである。調査対象は，国際会議への参加者であり，国際会議の定義は，参加者総数が50人を超えること，日本を含む3ヶ国以上で，1日以上の開催期間を条件として算出している。

（1）国際MICE全体による経済波及効果の内訳をみると，企業会議：約1,614

億円，報奨・研修旅行：約569億円，国際会議：約6,789億円，展示会：約1,618億円として，合計は約1兆590億円。さらに，国際会議の経済波及効果は前年（約5,905億円）に比べ15％増加。
（２）国際MICE全体の総消費額の内訳としては，外国人参加者総消費額：約1,059億円，日本人参加者総消費額：約1,085億円，主催者総支出額：約2,395億円，出展者総支出額：約845億円として，MICE参加者の個人消費額だけでなく，本調査によりMICEの主催者や出展者による支出額を初めて算出。
（３）外国人参加者１人当たりの総消費額（参加者・主催者・出展者の総消費額を１人当たりに換算）として，企業会議：約32.5万円，報奨・研修旅行：約32.0万円，国際会議：約37.3万円，展示会：約27.5万円として，平均は約33.7万円であった。

日本でMICE（マイス）が開催されることによって，国際会議開催によって若手研究者の育成，研究促進，ビジネスイノベーション促進，地域の受入環境整備，ブリージャー（出張＋ビジネス）の促進可能性などのメリットが見込まれている。MICEによってわが国にもたらされる経済波及効果はこれまでの「定量的」な調査で数値として浮き彫りになったが，MICEの重要性は経済面

図表２－６　国際MICE全体による経済波及効果（催事別）

出典：http://www.mlit.go.jp/kankocho/news03_000175.html（2018年９月閲覧）

よりもむしろ将来にわたって残っていくであろうと期待される。

以下，コラムでは地域が観光がという手段をうまくまちづくりに生かした事例として考えてみたい。

■注
1）白井義男（2010）:『ツーリズム・ビジネス・マネジメント』，同友館
2）岡本伸之編（2001）:『観光学入門』，有斐閣
3）今井宇三郎（1987）:『易経』，明治書院
4）鈴木忠義（1984）:『現代観光論』，有斐閣
5）Frederick Wolff Ogilvie（1933）: *The Tourist Movement*（国際観光局訳『ツーリスト移動論』，運輸省鉄道総局業務局観光課，1934）
6）Robert Glücksmann（1935）: *Allgemeine Fremdenverkehrskunde*（国際観光局訳『観光事業概論』，国際観光局，1940）
7）井上万寿蔵（1940）:『観光読本』，無何有書房
8）前田勇（2010）:『現代観光総論』，学文社
9）山根節（2010）:『エンタテインメント発想の経営学—遊びが生む現代ヒット戦略』，ダイヤモンド社
10）前田勇（1995）:『観光とサービスの心理学』，学文社
11）http://www.mlit.go.jp/kankocho/news03_000161.html（2018年9月閲覧）

【参考文献】

Crompton, L. John（1979）: Motivations for Pleasure Vocation, *Annals of Tourism Research*, Vol. 6 (4), 408-424

Leiper, Neil（1979）: The Framework of Tourism: Towards a Definition of Tourism, Tourist, and the Tourist Industry, *Annals of Tourism Research*, Vol. 6 (4), 404-424

Heath, E. and G. Wall（1992）: *Marketing tourism destinations : a strategic planning approach*, Wiley

Mill, R. C. and A. M. Morrison（1992）: *The Tourism Sysyem*, Englewood-Cliffs, prentice Hall

前田勇（1998）:『現代観光学キーワード事典』，学文社

Neal, J. D. and D. Gursoy（2008）: A multifaced analysis of tourism satisfaction, *Journal of Traval Research*, Vol. 47 (1), 53-62.

小谷達男（1996）:『観光事業論』，学文社

Pearce L. Philip（1987）: Psychological studies of Tourist Behaviour and Experience, *Australian Psychological Society*, Vol. 39 (2) 173-182

Rostow's W. W.（1960）: *The Stages of Economic Growth*, Cambridge University Press

第Ⅰ部　グローバル・ツーリズムをめぐる環境

Sul, Hea-sim（2010）: Grand Tour vs. Mass Tourism?, *The Daegu Historical Association*, Vol. 9（9）, 111-137
W. W. ロストウ著・木村健康・久保まち子・村上泰亮訳（1961）:『経済成長の諸段階〜一つの非共産主義宣言』，ダイヤモンド社

Column01

災害復興と国際会議
Built back better：復興の先のまちづくり（宮城県・仙台市の事例）

　今，国際会議の誘致における世界的な都市間競争が盛んになっている。なぜ都市は国際会議を誘致・開催するのか。オリンピックが開催国にレガシー効果をもたらすように，国際会議やMICEもさまざまな価値を開催都市にもたらす。ここでは一つの事例として，国際会議を活用して東日本大震災からの復興を成し遂げた仙台市の事例を紹介したい。

▶東日本大震災の発生と仙台市の決断

　2011年3月11日に発生した東日本大震災は，世界史上からみても最大規模の自然災害であった。マグニチュード9.0の巨大地震が高さ40.5メートルにも達する津波を引き起こした結果，約2万名の死者・行方不明者，4万件を超える建物の損壊という被害が発生した。さらに津波による原発事故が発生したことで，宮城県仙台市および東北地方は地震・津波・原発事故による風評被害という，きわめて深刻な複合災害に見舞われることになった。

　これまで経験したことのない規模の災害に日本全体が立ちすくむような状況だが，震災発生の約2ヶ月後にあたる2011年5月17日，仙台市は国連防災世界会議（2015年）の誘致を表明した。さらに3日後には東北市長会において，仙台市長から東北地方の各市長に対して，誘致活動への協力と団結を呼びかけた。

　仙台市はもともと防災都市としての取組みに力を入れていた。30年にわたり都市インフラの「耐震化」と「複線化」に投資を積み重ねてきた結果，東日本大震災で甚大な被害を受けた東北地方にありながら，水道は18日，ガスは36日という異例のスピードで復旧を遂げた[1]。震災直後の東北地方において，国際会議を誘致・開催するだけの都市機能を回復していたのは仙台市のみだったのである。

▶国連防災世界会議

　国連防災世界会議は，国際的な防災戦略を策定する国連主催の会議である。2015年3月14日から18日にかけて仙台市で開催された第3回国連防災世界会議には，185の国連加盟国が参加した。本会議には各国のトップ・閣僚を含む6,500人以上，関連

事業には国内外から延べ15万人以上が参加したことで，日本で開催された史上最大級の国際会議となった[2]。

図表1　国際会議の種類（主催者による区分）

区　　分		例（案件事例）	特　　色
Public	国・地域	政府間協議（サミット，APEC首脳会議）	・政治・経済など，政府間の調整を行うもの ・政府が取り組む重要事項についての協議など
	国際機関	加盟国・団体の協議，調整会議（第3回国連防災世界会議）	・加盟国・団体が各テーマについて協議，取組みを決定する ・年次総会として開催されることも多い
Association	学会	学術集会や研究発表会（第17回世界地震工学会議）	・定期的に開催 ・テーマごとに開催 ・アカデミック，技術的な内容が多い
	学会以外	業界団体の年次総会やテーマごとの発表会（第3回世界水フォーラム）	・世界会議のほか，アジア・欧州など地域別会議が開催されることも多い

出典：観光庁「国際会議誘致ガイドブック」に筆者加筆

▶ **政府の復興支援と誘致に向けた動き**

　国際会議を誘致・開催することには，開催地域の経済を盛り上げる効果（経済効果・経済波及効果）がある。震災からしばらく経つと，東北の復興を目的として，日本政府は国際会議を可能な限り東北地方（仙台市）で開催するようになった。世界防災閣僚会議 in 東北（2012年7月），第67回国際通貨基金（IMF）・世界銀行年次総会特別イベント「防災と開発に関する仙台会合」（2012年10月9日）といった国際会議が仙台市で開催されることになり，日本政府および仙台市は，東日本大震災の教訓と防災の取組みを世界に発信しながら，国連防災世界会議の誘致に向けた取組みを積み重ねた。

第2章　ツーリズム・ビジネスをめぐる現代的意味

▶ 2年にわたる誘致活動，そして開催決定

　国際会議の開催地を決める手順は，会議によってさまざまである。政府が主催する国際会議の場合は通常，まず開催国を決めてから，その国の政府が開催都市を選定する。第3回国連防災世界会議の場合は，まず2012年12月の国連総会決議において日本開催が決定したことを受けて，仙台市は2013年3月13日に会議誘致申請書を日本政府に提出した。政府による候補地の適性調査が行われた結果，仙台市を開催都市とすることが閣議において了解され，日本政府から国連に提案された。同年5月23日にスイス・ジュネーブで開催された防災グローバルプラットフォーム会合において，第3回国連防災世界会議の仙台開催が全世界に発表された[3]。

　誘致表明から約2年。仙台市にとって国連防災世界会議の誘致・開催を成功させることは，東北復興への着実な歩みを象徴する，一つのマイルストーンでもあった。そして決定から開催までの準備期間も2年足らずだったため，準備は急ピッチで進められた。

▶ 開催準備と復興の先のまちづくり

　大規模な国際会議の受け入れにあたっては，大人数を収容できるMICE施設や公共交通，外国人対応などが必要となった。仙台市内では復興事業の推進とともに，奥山市長（当時）が「復興の先のまちづくり」と表現する，未来に向けた新たなまちづくりが進んだ。

　まずは主会場となる仙台国際センターに3,000平方メートルの展示室を有する展示棟が新設された。この展示棟は，こけら落とし（施設が開業して最初に開催する催事）として国連防災世界会議の開会式が行われた後は，数々の国際会議やイベントの会場になった[4]。2015年12月6日に新規開業した市営地下鉄東西線も，国連防災世界会議には開通が間に合わなかったものの，「国際センター駅」駅舎が参加登録エリアとして活用された[5]。

　さらに2014年には「仙台市歩行者系案内誘導サイン等基本方針」を策定，情報の連続性・伝達性・景観といった課題に取り組むとともに，市内サイン類における多言語表示（日本語，英語，中国語・簡体字，韓国語）やピクトグラム＊の導入による外国人への対応を進めた。

＊ピクトグラム：主に鉄道駅や空港などの公共空間で使用される視覚記号。文字や文章を用いず視覚的な図で表現することで，言語に制約されずに内容の伝達を直感的に行うことができる。

図表2　仙台国際センター周辺図

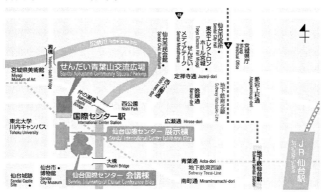

図表3　ピクトグラム例[6]

▶開催による経済波及効果とブランド効果

　国連防災世界会議の開催後に地元の銀行が経済波及効果を算出した結果は，約17億円となった。これは本体会議のみを対象としたもので，関連イベントを含めた経済波及効果はさらに大きいものとなる。また，国連防災世界会議の成果文書として「仙台宣言」「仙台防災枠組2015〜2030」が採択され世界に発信されたことは，仙台市の名前を国連の歴史に刻むことになり，国際的な都市のブランディングにつながった。

第2章　ツーリズム・ビジネスをめぐる現代的意味

国連旗・日本国旗・仙台市旗の掲揚式。2015年3月12日（筆者撮影）

▶国際会議による産業創出

　国連が主催する会議では通常，企業，地域団体，NGO・NPO，大学などによる数多くの関連イベントが開催される。国連防災会議でも，数百件の関連イベントが開催されて，延べ15万人が参加した。これは都市の産業創出にとって大きなチャンスである。仙台市では「防災産業」をビジネス創出における一つの重点分野と位置づけた。

　会議開催中には「世界の防災展」「東北防災・復興パビリオン」「防災産業展 in 仙台」といった多くの展示会が併催され，連日多くの来訪者で賑わった。これらの展示会の中には会議終了後も継続して仙台市で開催されるものがあり，現在でも東北地方における防災産業の発展を支えている。また，仙台国際センターの増設や地下鉄東西線の開業がもたらす抜群の交通アクセスを強みとして，仙台市はさらに多くの国際会議や大規模イベントの誘致を進めた。その一例が，世界地震工学会議の誘致である。

▶世界地震工学会議

　震災を契機に国際会議の誘致に取り組んだのは，日本政府や仙台市だけではない。日本は地震工学における世界のリーダー的存在であるが，この分野の研究者や専門家で構成される日本地震工学会でも，東日本大震災の発生直後から，世界地震工学会議の誘致に向けた取組みが進められていた。

第Ⅰ部　グローバル・ツーリズムをめぐる環境

　世界地震工学会議は，世界中から地震工学や防災の専門家が集まって4年ごとに開催される国際学術会議である。東日本大震災で得た教訓を世界に広めたいという学会および仙台市関係者の思いと粘り強い努力を日本政府が後押しした結果，加盟国のうち過半数からの賛同を得て，第17回世界地震工学会議（2020年）の開催地は仙台市に決定された。

　「防災環境都市」として国際会議・MICEを誘致することにより経済効果を生み出して，都市ブランディングやさらなる産業創出につなげていくことは，グローバルビジネスを通じた東北復興への持続可能な取組みであるともいえる。国際会議を通じた災害復興の取組みが，今も仙台市では進められている。

【注】
1）DISASTER PREVENTION GUIDE 第1部 第1章「市民力で築く防災都市・仙台」p.23，2015
2）外務省ホームページ「第3回国連防災世界会議」(http://www.mofa.go.jp/mofaj/ic/gic/page3_001151.html)
3）「第3回国連防災世界会議仙台開催実行委員会活動報告書　誘致経緯」(http://www.city.sendai.jp/kankyo/shise/gaiyo/soshiki/sesakukyoku/link/suishin/hokokusho.html)
4）「仙台国際センターパンフレット　アクセス」
5）「市政ルポ　仙台市（宮城県）」，2015
6）「仙台市歩行者系案内誘導サイン等基本方針について」(http://www.city.sendai.jp/kekan/jigyosha/taisaku/kenchiku/toshikekan/hokosha/hoshin.html)

（執筆：西本恵子）

第3章

ツーリズム・ビジネスの資源としての伝統文化と大衆文化

3-1　観光資源とは

　観光資源（tourism resources）とは，ツーリストの観光対象となるモノ・コトのことであり，観光動機を充足させる対象である。資源は有形・無形の諸資源を指し，保存・保護しなければその価値は失われるか減少するものであり，観光資源の利用と破壊はコインの裏表のように共存している。観光資源とは，モノ・コトが持つ観光潜在力を顕在化させることであり，資源そのものに内在している価値を顕在化させる一連の行為は観光開発ともいわれる。また，街並み保存においてもしばしば登場する問題であるが，観光資源として利用される景観や文化財が持つ価値を，誰もが享受できているとはいえない。観光地では，一度，経済効果の恩恵を受けるとその維持拡大を図ろうとして，資源が持つ適正利用規模を超える需要を受け入れようとしがちである（前田，1995)[1]。前田の指摘した「地域の適正受容問題」は，現在，世界各国でオーバーツーリズムという用語で問題提起され，解決を待っている。観光地をめぐっては，受容適正の問題だけでなく，維持か開発かをめぐる議論も多い。例えば，世界遺産に登録されたウィーンの歴史的な街並みは保存すべきなのか，それとも新しい時代に向けて高層ビルを建設するなど開発すべきなのか。この点については，世代によって観光資源の意味合いについてもギャップが生じている。市民の中には，生きた街であり博物館ではない，と開発を優先する声もある一方で，「保存」と「開発」との間で重大な危機に瀕している遺産もある。

第Ⅰ部　グローバル・ツーリズムをめぐる環境

ウィーンの歴史的な街並み（筆者撮影）

　観光資源を大きく分けると，まず，自然観光資源，人文観光資源，複合型観光資源に分けられる。また，観光行動によっては自然や歴史文化以外にも，生活や住民との交流が楽しめることもある。異文化への関心から，それぞれの地域に固有の特色ある人々の生活および生活を基盤にした民俗や伝統といった文化的な要素に対する知的欲求を満たすことを目的とする観光形態を一般的に文化観光（cultural tourism）と呼ぶ。

　スミスら（2005）は，いくつかの研究者の話を借りながら文化観光を説明している。まず，レヴィ＝ストロース（Lévi-Strauss, 1988）は，文化は生活と対立するとか，あるいは生活の上部に位置するようなものではなくて，時とともに移り変わる実際的で建設的な力であるとともに変化をもたらす過程として生活に対し，自らその代役を務めるものであるという意味合いが文化に内包されていることを認めている。つまり，生活が文化を築き，文化が生活を築くのである。観光は，文化の一つの表現であり，体験である以上，このような形での歴史的脈絡（コンテクスト）づけにぴったりはまるし，さらに，新たな文化形式のみならず，さまざまな色合いが上手に混じりあった文化形式を作り出すのにも役に立つ。グローバルツーリズムの基盤にあるのは，文化資源であり，文化資源が国際観光の成長を可能にし，さまざまな社会にこれら社会のいろいろな部門が開発過程に参加する道を開いた。文化の価値と優劣順位がその本来の価値のみならず，それが使用されるやり方にも関連するからである。

第3章　ツーリズム・ビジネスの資源としての伝統文化と大衆文化

　観光対象となる地域社会がどのような経済的・文化的特性を持ち，文化のさまざまな側面を販売・商品化されているのかに関心が集まる。特に，"土着の人々"のエキゾティックな暮らしぶりに関心が向けられるものを，エスニックツーリズム（ethnic tourism）と呼ぶ。Wood（1984）は，エスニックツーリズムとは，文化的アイデンティティをなんとか持ちこたえ，この文化的アイデンティティの物珍しさがツーリストに売り込まれているような人々を主目的とする観光であるとした。その観光と文化との関係の間に「文化変容」「文化の商品化」「伝統の創造」「モデルカルチャー」などの現象がみえる。観光の目的地となった地域における文化のあり様は，観光の対象となることで何らかの変化を余儀なくされる。観光化のプロセスは地域の文化面においてもさまざまな影響を与え，文化人類学を中心にこれまで「文化変容」の理論的枠組みによって説明されてきた。

（1）文化変容

　「文化変容」の理論には，二つの社会の間における相互作用の過程において，従属的位置にある社会の文化が支配的な社会の文化に従うように急激に変更されることを説明するものであるが，観光化のプロセスにおいてこの「文化変容」は，観光者よりもむしろ被観光者の社会の伝統や習慣，価値体系に主として生じ，徐々に文化の画一化へと展開し，その地域固有のアイデンティティはより強力で支配的な外来者の文化に同化されていくと説明している。

（2）文化の商品化

　観光目的地のさまざまな資源（工芸品，芸能など）は商品化される性格を持つ。このような観光化が文化に与える影響をめぐって，芳しくない視線を持っている研究者もいる。伝統文化を破壊するものとして捉えているからだ。しかし，文化観光商品は自然観光商品に比べるといくつかの特徴を持つ。①人為的であること，②文化的欲求を持つ観光客を対象とするために，歴史的，教育的，体験的効果が大きい，③滞在期間が長く，特定民族の芸術・生活など多方面に

関心を示す，④移動性・可変性がある。自然観光資源は，動けないし自然発生的なものである，⑤お祭り，フェスティバルなどの儀式などの例外として季節的制限を受けないなどがあげられる（Hong, 1997）。観光客はこのような文化を持つ地域住民との交流からより豊かな経験をえることができる。

（3）伝統の創造

インドネシアのバリにおける芸能は，観光客のニーズに合わせて変容し，ある時は創造しながら，バリ文化の一部としてバリの人々にも受け入れられてきた。このことから，観光が土着文化を形骸化させるのではなく，むしろ伝統文化を保存，改革，再創造を促進，強化しているという事例もある。1930年代にチャップリン（コメディアン・映画監督）が新婚旅行地としてバリ島を訪れたころには富裕層が長期滞在し，バカンスを楽しむ場として欧米の人にブランド化されていた。バリ島が観光地として発展していく歴史的背景には1930年代のドイツ人画家でありながら音楽家でもあるヴァルター・シュピースの役割が大きい。シュピースはどのようにしたら観光客にバリ島の伝統舞踊をアピールできるかを考え，どんどんアレンジを加えた。現在のバリ島で行われる伝統芸術のほとんどはこのころに作り直されたものである。そのため民族芸能は欧米との出会いの中で作られた新しい伝統文化であると研究者は強調する。1970年，バリ島を訪れる観光客は年間3万人に過ぎなかったが，1994年には150万人に増える。当然，ホテルの客室も500室から3,000室に増え（橋本，1999）。著者が訪れた1993年には，欧米からの観光客に日本からの観光客を加え，すでにパッケージツアーになっていた。

（4）模型文化（モデルカルチャー）

外部との接触の規模がその地域にあまりにも負担となる場合，観光行動が地域の日常生活のプライバシーを侵してしまう場合もある。このような観光による社会的ストレスを回避する方法として，さらには世界規模で進展する文化の画一化への対策として重要視される。

第3章　ツーリズム・ビジネスの資源としての伝統文化と大衆文化

　模型文化（モデルカルチャー）とは，ある地域あるいは民族の文化をわかりやすいようにモデル化し，再現するものである。モデル化する文化の内容は，歴史的再生に関わるもの，民族学的モデルを提供するものなどがあるが，アメリカ・ハワイのポリネシア文化センターは代表的な例である。同センターでは観光客に提示された文化は，事実ではなくモデルとしてみせるための文化的要素が選択されたものである。伝統文化を知らない若者に教育している。特に，著者が訪ねた時には，ブリガム・ヤング大学に在学中の学生がポリネシアカルチャーセンターでアルバイトをし，学費と滞在費を稼いでいた。世界からの留学生が大学内に存在するため，各国からの観光客向けにガイドができる人材としてカルチャーセンターを支えていた。ここで重視されているのは，世界規模の文化の画一化の中で消失，あるいは消失しつつある生活様式や伝統文化を保存あるいは再生しようとしている点である。

　ある文化をわかりやすいようにモデル化して，再現する模型文化（モデルカルチャー）は，文化観光における文化の提示の一手法として導入される。単なる観光産業における手法としての問題ではなく，観光場面におけるホストとゲストの相互作用過程を前提とした"文化の動態"という重要なテーマを内包している。

図表3－1　ポリネシアカルチャーセンター全体図

出典：https://polynesia.jp

しかし，観光資源がそのまま観光対象にはならない。したがって，観光行動において価値がある資源は，観光対象となったものである。観光対象の現代的特色としては，まず，計画的，積極的な開発，次に，複合型観光資源の役割の高まり，さらに，観光施設の役割の高まりや生活文化の観光対象化があげられる。

観光資源の特性としては，観光資源は一般的資源と違って，消費によりその原型がなくなったり，変容したりすることはない。観光資源の特性は，以下の通りである。
① 多様性：観光客の観光欲求は多様で，その欲求を充足させるためには多様な観光資源を開発する必要がある。また，観光環境も変化しつつある。
② 変化性：季節，時代により観光対象が異なる。以前，人気があった観光資源が永遠にその価値や魅力を維持できるとはいい難く，常に新しい観光資源が再発見されたりする。
③ 非絶対性：全ての観光客を完全に満足させる観光資源は存在しない。
④ 調和性：観光資源は，自然資源，文化資源，産業資源が複合的に造成されるとシナジー効果が高まる。

3-2 観光におけるポップカルチャーの果たす役割

コンテンツツーリズム（contents tourism）とは，「物語・作品には，必ず複数のコンテンツ（ストーリー）キャラクター，ロケーション，サウンドトラックなどが存在する」ことから，そのようなコンテンツが誘発する観光をいう（Beeton, 2015）。コンテンツツーリズムにおいてコンテンツとは，直接，人を関連した場所へ導く役割を担う。しかし最近では，コンテンツをテーマとするイベントが，コンテンツと関連する地域で行われることもあるものの，そうではない場所で行われることも多い。イベントの形態としては，博覧会，展示会，お祭り・フェスティバル，会議，文化・芸術祭，スポーツなどに分類す

ることができる。一つのイベントに対して複数の形態が同時にみられることが多い。

　イベントに伴う観光には，お祭り・フェスティバル，ビエンナーレのような文化イベント，EXPO（博覧会）などがみられる。例えば，イベントツーリズムにおいて「フェスティバル」は，目的地の文化に基づいたものを指す。しかし，コンテンツをテーマとするイベントの多くは，地域の文化・歴史などと直接関係を持たない。そういう意味でコンテンツをテーマとするイベントの場合「コンベンション」に近いといえるが，形式からは「フェスティバル」に近いものも多くみられる。

　日本には，着物や華道，茶道，歌舞伎，武道など，世界に誇る伝統文化が数多くある。その中，ポップカルチャーは[2]，大衆向けの文化全般のことを表している。例えば，2013年にユネスコ無形文化遺産に登録された「和食」は，日本という枠を飛び越え，今では世界でブームを巻き起こす食文化として認知されている。若い世代を中心に圧倒的な支持を得ている，漫画，アニメ，映画，ゲーム，ライトノベル，ポピュラー音楽，テレビなどは現在では「訴求力が高く，等身大の現代日本を伝えるもの」という意味でも使われる。各国で日本のポップカルチャーの魅力に触れ，ファンになったことで，日本語や日本文化に興味を持ったという人は世界中に数多くおり，今やポップカルチャーは，日本に対する理解や信頼を深めるための重要なツールの一つになっている。ここで，ポップカルチャーに関するさまざまな交流の事例についてみていこう。

　日本のポップカルチャーは，伝統文化と並ぶ，日本を代表する文化の一つであるとともに，日本と日本の文化・言語に対する関心につながる入口でもある。またポップカルチャーが，日本人の創造性の豊かさや，自由な発想を許す日本社会を体現していることから，多面的な日本の魅力を効果的に諸外国に発信するための重要なツールとしても位置づけられている。日本という国に対する理解や親近感を深めてもらうことは，日本人が国境を越えた活動や世界の人々との交流を円滑に進めていく上で不可欠である。文化交流は，日本外交の重要な分野であり，中でもポップカルチャーの果たす役割は，今後ますます大きく

第Ⅰ部　グローバル・ツーリズムをめぐる環境

なっていくことと思われる。

3-3　ポップカルチャーの観光資源化
——韓流・K-POPで観光客を誘致する！

　2003年から始まった韓流ブームは多様な分野において変化をもたらしている。特に，両国の歴史や文化的なギャップから，より親密感を深める異文化理解の効果が目立つ。最初の韓流という言葉は日本より早くから中国・台湾で用いられてきた言葉で，否定的意味を含んでいたが，昨今の韓流現象は，韓国大衆文化のことを指す。

　こうした韓流という現象の動きをいちはやく察知したのは韓国観光公社で，ブームが到来した2004年9月にはソウルにある観光公社の本社内に「韓流館」をオープンさせた。"韓流"を統一コンセプトとして徹底的に観光施策に盛り込んだ。また，家電製品，百貨店，化粧品，衣類関連企業では，韓流スターを活用し，マーケティング戦略を展開するなど，韓国文化の競争力は，今後の韓国の成長産業として見直されている。

　ここでは，日本における「韓流」ブームの現象分析から，時間軸や文化コンテンツによるブームの対象の変化を考察する。また，韓流を韓国の国家や企業におけるグローバル戦略の重要なキーワードとして取り込むことによって，新しい動向がみえてくる。さらに在日韓国人の移民ビジネスにおいて母国の韓流ブームを取り込んだ。

3-3-1　人の観光資源化に成功——韓国ドラマからK-POPへ
（1）韓流ブームの背景と展開

　2002年ワールドカップによる日本における韓国ブームは，とどまるところを知らない。始まりは中年女性を中心としたドラマブームで，2008年に入ってからはガールズグループに始まるK-POPへと若年層にもブームが波及した。韓流ブームは，客層もジャンルも超越し，ブランドを拡張した。

　韓流は，中国，台湾，ベトナムなどではいち早くブームを巻き起こしていた

ものの，日本にはあまり期待していなかった（Hwang, 2007）。日本では，2003年にBS2（NHK衛星第二）で「冬のソナタ（＝冬ソナ）」というドラマのテレビ放送が始まり，再放送を経て，2004年から地上波（NHK総合）でも放送された。中高年女性を中心に人気が沸騰し，冬ソナをめぐる韓国ドラマブームは，一つの社会現象として捉えられるようになっていく。第一生命経済研究所（2004）の試算によると，2004年の地上放送期間（2004年4月3月～8月21日）を含む同年4月から10月までの7ヶ月間で，韓国への日本人旅行者数は18万7,192人増え，韓国における観光収入は299.5億円の増収と発表された。しかし，二次的な経済波及効果，さらには主人公のCM起用などによる商品の売上拡大等を含めると，2004年の冬ソナによる経済波及効果は3,367億円（日本1,796億円＋韓国1,571億円）にのぼった。翌2005年もブームは衰えることはなく，3,035億円（日本1,416億＋韓国1,619億円）の経済効果があったとみられている。NHK（2005）の小野アナウンサーは，"国のイメージまで変えてしまうのが，冬のソナタの一連の現象のすごいところだったのではないかという気がするが，ああいう力があるものですね"と述べている。また，2004年から2006年11月まで繰り返し日本で放送された韓国ドラマ「宮廷女官チャングムの誓い（大長今）」は，それまでの女性ファンのみならず男性ファンをも獲得することとなり，韓流ブームの客層は拡張される。2003年の実績は500万ドル，6年後の2009年は1億ドル，約20倍という驚異の伸びを示した。日本における韓流ブームは一過性の社会現象に終わると予測されていたが，ジェネレーションの交代を図りながらも，現在まで継続している。

　ドラマブームからジャンルを変えて派生した音楽市場におけるK-POPブームも少女時代やKARAのようなガールズグループを中心に人気である。K-POPは，10～20代前半の若い女性の間で人気ジャンルとなっている。いずれもモデルのようなルックスとスタイルを兼ね備えた「プロフェッショナル」集団である。日本のみならず全世界的にYoutubeなどを通して，同時多発的に韓国ガールズグループの歌や振り付けなどをそのままカバーする現象が起きている。Cover大会などのイベントを開催することで地域や時間を超え，企画会

社もコンテンツの現地化を最小限にする傾向がみられる。K-POPは文化融合性が最大の競争力となっている。多くのK-POPスターは，最初の企画段階から企画会社によってグローバル展開を目的として結成される。音楽の編曲を欧米の編集者に，振り付けをアメリカ系日本人に依頼したり，グループメンバーを多人数で結成したりすることで，グループ全体から1人のメンバーを好きになり，そのグループのファンになるような戦略を展開している。昔の日本でもよくみられた戦略がより進化したようにもみられるが，なにより違うのは文化が融合されているところである。このような文化融合性（culture collaboration）をもとに，国ごとに少しずつマーケティング戦略をアレンジすることで成功しているものとみられる。日本市場で，以前BoAや東方神起が実施していた現地化戦略は，現在ではもはや無用である。このような戦略はRoland Robertsonによって紹介されたグローカリゼーション戦略と呼ばれ，世界化と地域化を同時に進めることをいう。東方神起が頂点に立つまでに5年かかったものを，少女時代はわずか2ヶ月で成し遂げた。韓国でヒットした曲をそのまま日本でも販売したため，成功までのサイクルも短くなった。

図表3－2は，Korea Customs Serviceの2011年の報告書である。この報告書からも，韓流をめぐる対象の変化と消費行動の特徴が確認できる。

図表3－2　韓流特性による輸出差別化戦略

	初期韓流	新韓流
主コンテンツ	ドラマ	K-POP
ターゲット層	中高年	若年層（女性）
地域	中華地域，東南アジア，日本	中東・中南米，全世界
消費特徴	購買力・忠誠度が強い，商品のイメージと品質重視	消費傾向が大きく，商品の価格より認知度重視

出典：Korea Customs Service（2011）：「韓流―新しい輸出動力としての活動」から再引用（www.customs.go.kr）。

（2）ドラマの視聴から高まる文化への関心

　日本における「韓流」現象は，日本人の韓国や韓国人に対するイメージの肯定的な変化に寄与した（纓坂，2008）。纓坂（2008）によれば，多くの場合，大衆文化の主たる消費者は若年層であり，例えば日本の大衆文化は，世界中の若年層から支持され，"Cool Japan"と評価された。それに対して，韓国の大衆文化は，中年以上の女性に支えられた現象だった（Tokita, 2005）。このようなドラマの人気を背景に，韓国観光公社は日本の「韓流」ファンに向けて，「韓流」と「韓国観光」をタイアップさせた企画を続々と発表した。確かに，若年層より中高年層の方が経済力もある。2005年12月の発表では，2003年よりも観光客が20～30％増加している。その後も「韓流」ツアーは継続され，NHKで放送された「チャングムの誓い」にちなんで韓国の歴史や宮廷料理を味わうツアーが人気を集めるようになった。結果として，日本の韓流ブームは韓国の旅行者層の変化に大きく貢献した。かつて男性の旅行先だった韓国を，中高年女性や，最近では若い女性に人気がある都市に変えた。また，日本におけるもう一つの特徴は，これまで韓国に対する関心がほとんどなかった人々にも波及し，韓国のイメージにも肯定的な影響を与えたことである。

図表3－3　韓流ブームによる韓国のイメージ変化

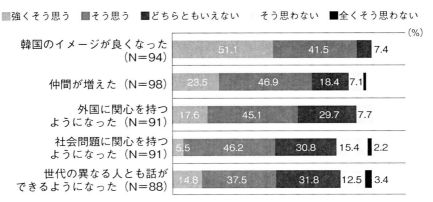

出典：金恵媛（2011）：「韓流受容と韓国認識の多様化」，山口県立大学学術情報4，p.34に基づき筆者作成

長谷川（2007）[3]は，異文化コミュニケーション研究の立場から，社会心理学的手法を使って，ドラマの視聴が韓国人に対する心理的距離を縮小させ，韓国や韓国人に対するイメージを好転させることを明らかにした。調査結果から，これまでの「きつい」「自己主張が強い」といったようなステレオタイプのものから，「濃厚な人間関係に裏打ちされた直接的表現」（29.5％），「礼儀正しい儒教的な価値観を保持し，誠実で勤勉に働く人々」（28.2％）へと変化した。このような流れを受けて，日本に乗り込んで新しいビジネスを直接展開し，成功する事例が増えている。

まず，韓国のガールズグループの人気を背景に，日本ではメイクアップアーティストIKKOによる韓国コスメが本格的に話題になるなど，新しい商品戦略が次々と日本市場に投入された。カタツムリクリーム，BBクリーム（Blemish Balm Cream），パックやコスメロードの誕生など，その人気を次々と観光に繋げていっている。特にBBクリームは，それまでの日本市場では化粧品としては存在しなかった商品で新しい市場を開拓したケースである。BBクリームの幅広い人気で日本の化粧品メーカーも商品開発や商品化を進めているが，やはり韓国製のイメージが強い。韓国保健福祉部の発表によれば，韓国の化粧品関連商品は5年間連続して年平均21％の成長を続けているという。輸出国としては，中国，イギリス，ドイツ，フランスの順である。

次に，食品ではマッコリの人気も目立っている。日本の酒類市場全体に目を転じると，その市場規模は年々縮小し続けている。日経ビジネス（2011）によると，2009年，酒類市場規模は3兆8,000億円となり，2001年度と比較して20％縮小した。市場全体がさらされている逆風を突いて，マッコリは異例のヒット商品となった。しかし，日本と韓国で求めるマッコリの味も異なる。徹底した市場調査の上，展開した女性をターゲットとしたマッコリ戦略がブームを起こした。考えてみれば，マッコリは女性に好まれる要素を多く持っている。マッコリ市場はたった1年で，178万ケースにまで成長した。眞露ジャパンは，マッコリの販売を1年でゼロから80万ケースを販売できると見込んだ（1ケース＝8.4リットル）。酒類市場全体の50％に当たるシェアを獲得する計画であっ

第3章　ツーリズム・ビジネスの資源としての伝統文化と大衆文化

た。サントリー酒類株式会社は，ロッテと組んで2010年11月からマッコリのテスト販売を始めることを発表した。

さらに，SAMSUNGの携帯電話が日本ではドコモと提携するなど，韓国ドラマの出演者が使用しているファッションや携帯電話などのデジタル製品は，韓国企業の製品であることが多く，好きな俳優が使っている製品として認知度を上げていた。すなわち，韓流がコンテンツだけではなく，韓国製品やサービスの普及にも貢献しているのである。韓流が，企業や政府のマーケティングにも積極的に使われ，購買力に結びつけているようにみえる。

韓流の影響は，モノ以外の，例えば地域の変化にもみられる。影響を受けた典型的な地域としては，東京の新大久保があげられる。新大久保を対象としたKang &Yasujima（2010）の研究によれば，1989年の韓国人の海外渡航自由化

図表3－4　新大久保の韓国飲食店と韓国食料品店分布図（上1989年，下2010年）

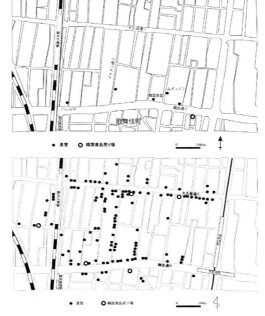

出典：Kang, B., 安島博幸（2010）[4]，p.43

53

に伴い，1990年代以降，新大久保のコリアンタウン化が徐々に始まった。当時は5ヶ所程度しか韓国飲食店や食料品店がなかったが，2010年になると100軒を超える韓国飲食店や食料品店が存在していることを分布図で示している。新大久保は韓国料理店の集積が主な観光資源となって都市観光地となった地域で，韓流ブーム以前から観光地化していたが，韓流の影響によって韓国人向けのビジネスから日本人向けのビジネスへと発展し，対象顧客が大きく変わった。

東大門（DongDaemun）市場はすでに日本の若い女性の最先端ファッションモールである「渋谷109」をバックステージで支えているといわれていたが，ついにバックステージからフロントステージへと本格的に進出してきた。東大門市場の構造は，しばしば話題となってきた。注文から陳列まで48時間，1着仕上げるのに6時間，2万軒あまりの縫製工場は製品開発を支える秘密の場所であった。ロットが少なく，短納期で，在庫リスクの軽減に対応し，世界的に関心を集める存在でもある。

最近では，韓国コスメやファッション関連ビジネスが，eコマース（electronic commerce）において一気に増えてきたのも実感できる。しかし，インターネットのショッピングモールは，韓国で直接オペレーションするケースも多く，移民ビジネスへの直接の影響力には疑問が残る。ネットで販売されている商品の中には直輸入品が多い。韓国と日本の間は2～3日もあれば，十分配送できる。このような環境においてどのような移民ビジネスが成り立つのかを考える必要がある。いくつかの事例からわかったのは，食文化関連ビジネスが最も展開しやすいという点である。その理由は，少ない資本で出店が可能である点，日々の食事は一朝一夕には変えられない。韓国人が顧客となると「言葉の壁」を取り除くことができるなど，既存の移民ビジネスにおける一つの特徴としてみられる。

時代の変化に伴い，日本人顧客の多くは韓国への旅行経験もあり，本物の韓国料理を体験したがる傾向も強い。そのため，既存の在日韓国人（old comer）が経営する店ではなく，new comerが営む店に人気が集まる傾向がみられる。old comerの店は焼き肉店が多い傾向だが，new comerの店は韓国家庭料理を

中心に多様なジャンルの料理を提供している。また，店の内装も韓国のソウルとあまり変わらない。

しかし現実に，「韓流」現象が移民ビジネスの職種と規模にもたらした変化は大きい。韓国料理店だけでなく，食材を販売する韓国食料品店の場合には，韓国からの留学生，韓国人駐在員，韓国出身者をターゲットとして想定し，上野・御徒町などで細々とキムチを売ったりしていたが，「韓流」ブームで韓国料理を直接作ろうとする日本人も爆発的に増えたことから，大型スーパーも誕生した。最も規模が大きく，話題の「韓国広場」のサクセスストーリーは移民ビジネス界では話題になった。日置（2009）の移民で企業化として成功したケースを中心とした分析において，労働力以外の社会的上昇のための資源（学歴や資産など）を持たない移民がその社会で成功するためには，小規模ビジネスの創業は有力な手段であると述べた。しかし，日本における韓国人移民ビジネスの場合，資産は持たないまでも高学歴の人材が多いことから，知を基盤においた創造力豊かな集団となる可能性が高く，イノベーションをもたらす可能性も高いと思われる。「韓国広場」の社長は現在の成功から，地域の多文化共生の課題について議論し始めた。日置（2009）は，複数の文化が一つの社会で共存する状況などから多文化共存経営論を指摘し，多文化の共存を実現するための施策が，企業にビジネスチャンスをもたらす可能性も指摘した。また，韓国のコスメティック関連ビジネスが流行り，世界的韓国人ゴルファーの活躍によって日本でゴルフスクールを開校する人もみかけるようになった。さらに，酒類市場でのマッコリのように新しい市場を開拓することにより，日本企業にも刺激を与え，ますます互いの関係が緊密になることが明らかになった。

3-3-2　韓流の文化消費からディアスポラ・ビジネスへの新たな展開

「韓流」は文化商品としてアジアに拡大し，グローバル化した（石田ら，2007）。Kim（2007）は，文化の消費は国家イメージに依存する場合が多いと主張しているが，日本では「韓流」が韓国の国策として認識されていた。つまり，韓国映画，ドラマ，音楽などは韓国のコンテンツ産業として，政府の支援

を受けて成し遂げられた成果として理解されていた。一方，Hwang（2007）は，韓流の背景にあるのは政府の政策というよりは，むしろ民間の活力の成果であると述べた。「韓流」は，国家プロジェクトとして政府の支援のもとで成し遂げられた人為的なものではない。なぜなら「韓流」は韓国国内で起きたのではなく，韓国の外で起きた現象であり，その「韓流」の中身も各国において一致していないからである。中国の「韓流」と日本の「韓流」，ベトナムの「韓流」はそれぞれ異なり，最近ではヨーロッパの「韓流」など，それぞれの国におけるメディア産業や市場における意味合いも，視聴者の属性も異なるとHwangは説明している。韓流が成功したのち，韓国の大衆文化は利益を生み出す輸出商品とみなされ商業資本主義の市場に取り込まれていった。

　先述したように，韓流は大きな経済効果をもたらし，特に，韓国観光公社は2004年を「韓流観光の年」とし，日本の韓流ファン向けに「韓流」と「観光」をタイアップさせた企画を続々と発表した。また，「韓流」ブームは観光目的地だけでなく，日本人に韓国語を勉強させたり，韓国に対する肯定的な関心を高めたりしたと思われる。このような一連の態度変容は，ますます日本の消費行動に大きく影響を与えている。大学に籍をおくと学生の韓国語の受講人数の

韓国ドラマ「宮(クン)」で韓国伝統衣装を着たテディベア（筆者撮影）

第 3 章　ツーリズム・ビジネスの資源としての伝統文化と大衆文化

変化が興味深い。

　日本最大の電子商店街「楽天市場」に出店している韓国食品・食材関連店の週間，人気ランキングを調べたところ，1位から300位までが記載されていた。そのうち，1位から100位までの内容を確認したところ，名前があがっていた店は20店舗で，人気があるのは7店程度であることがわかった。食材専門店，デリカテッセン（delicatessen），インスタント食品中心の店など，それぞれ差別化を図り，棲み分けされていることがわかった。

　世界的に拡散されている韓流現象からディアスポラ・ビジネスの新たな切り口を考えてみると，まず，色の表現に注目していきたい。さりげなく流される数多い韓国ドラマや映画などの背景としては韓国の固有の美を表現した衣装デザイン，韓国の伝統の色が提示されつつある。韓国の色は意味が深く，それぞれ色が持つ意味が異なる。韓国では，伝統的に民族の色として，青，赤，黄，黒，白で構成され，華やかさと強烈な五方色（中央と東西南北を象徴する色としては，中央に黄，東に青，西に白，南に赤，北に黒）は楽しさと華麗さで吉兆の意味を内包している。また，伝統衣装は，赤系は陽の色で，青系，黒系，白系など陰の色とコーディネートされていた。最近の韓国ドラマで多様なフュージョンスタイル衣装は既存の古典的意味より，大衆が気軽に近づける新しいfusion fashionのデザイン開発に対する新たな切り口となったとByunら（2007）は述べている。そのような伝統の色は，韓国の首都，ソウル特別市の建築物や外観などの都市の景観管理にデザインガイドラインを制定し，都市の魅力として活用しようとした。さらに，このような一連の動きはディアスポラ・ビジネスに応用できないのか。店の色を韓国固有の色にすることで差別化を図ることも工夫すべきであろう。Lee（2009）は韓国の伝統色として，五方色を基本色名から分化され，時代の代表する色としては，統一新羅の紫，高麗の黄，朝鮮の紅がそうだと指摘，最も近い朝鮮時代の主な18色名を明らかにした。国のカラーを考えてみると，日本の女性が好む色はブラック，ベージュ，ネイビーなど色遣いなどは控えめな落ち着いたイメージであったが，韓国の若い女性は，明るい原色を好み，派手な印象を与えていた。その色が持つ意味を

ストーリーテリングすることでより付加価値を与えることもできる。

　日本は物語商品の国である。和菓子にも100年後を考える哲学が今現在の商品づくりに反映され，消費者によっては店に対するロイヤルティへと繋がる。和菓子に表現される色は100年前の文献を再現しながら，時代のニーズ，消費者の変化に合わせて，みえないところで変化していくだろう。

　本章は韓流現象をめぐる，文化消費と移民ビジネスという二つの側面に着目し，本国のグローバル戦略と連携した移民ビジネスの変化を詳しく記述した。分析の中心となったのは，韓流というブームに取り組む，国内と国外の動きであったが，まだまだ使いきれていない文化コンテンツの可能性がみられた。韓流が国家のグローバル戦略に取り込まれるようになって，一部地域では予想外のビジネスチャンスが生まれ，一気に広がることも察知しながら，そのブームが去るとその向こう側にはなにがあるのか気になるところでもある。

　Robin Cohen（1997）[5]によれば，ディアスポラのコミュニティに属している人たちの多くは二ヶ国語以上を話すことができる。また，定住する社会に「今なにが欠けているのか」をすぐに見抜くことができる。自分たちと他の集団とはなにが共通しているのか，自分たちの文化的な規範や社会的習慣がどのような時に多数派に脅威を与えるのかということに対して非常に敏感である。グローバリゼーションが進展する中，国境を越える人の活動は激しさを増している。きわめて適応性の高い社会組織であるといわれるディアスポラは，グローバル化する現代社会に生きる人のあるべき姿を見い出せるかもしれない。

■注
1）前田勇（1995）：『現代観光総論』，学文社
2）http://www.mofa.go.jp/mofaj/press/pr/wakaru/topics/vol138/index.html（2018年4月15日閲覧）
3）長谷川典子（2007）：「対韓イメージの質的研究Ⅱ－ドラマ視聴が生む心理的変化の経時的調査」，異文化コミュニケーション第10号，63-82
4）Kang B., 安島博幸（2010）：「新大久保におけるコリアンタウンの形成過程」，日本観光研究学会全国大学学術論文集25, 41-44
5）Cohen R,（1997）：Global Diaspora, UCLA Press（駒井洋訳『グローバル・ディ

アスポラ』，明石書店，2012)

【参考文献】

http://design.seoul.go.kr/policy/data_view.php?id=4
http://group.dai-ichi-life.co.jp/dlri/news_index.html
Beeton, S.（2015）: *Travel, Tourism and the Moving Image*, Channel View Publications
Byun, M., Kim M. and Lee, I.（2007）: A Study on Fusion Style Costume in TV Drama "Gung（Palace）": Focused on Heroine's Costume, *Journal of the Korean Society of Costume*, Vol.57（3）, 124-135
Cohen R.（1997）: *Global Diaspora*, UCL Press（Japanese translation published, Komai H. and Kadotani T.（2001）, *Global Diaspora*, akashi-Library in Japan）
第一生命経済研究所（2004）: Report: http://group.dai-ichi-life.co.jp /dlri/news_index. html
Dongdaemun collection in Osaka（2011）: Report: http://www.ustream.tv/channel/dongdaemun- collection- in - osaka
Douglas M. & Isherwood B.（1982）: *The World of Goods; towards on anthropology of consumption*, WW Norton & Co. Inc.
Federica C.（2009）: From Circulation to Flow: Hannerz Cultural Perspective & Clothes", *The Japan Society for Fashion Business*, Vol.14, 17-26
Hara Y.（2009）: Service Design Innovation Strategy in Korea, Nikkei business Publications（http://itpro.nikkeibp.co.jp/article/COLUMN/20091201/341286/?ST=biz_service&P=1）
長谷川典子（2007）:「対韓イメージの質的研究Ⅱ－ドラマ視聴が生む心理的変化の経時的調査」，異文化コミュニケーション第10号，63-82
橋本和也（1999）:『観光人類学の戦略―文化の売り方・売られ方』，世界思想社
日置弘一郎（2009）: "Diaspora Business", *The First International Conference on CW & DM in Seoul*
Hong, C. S.（1997）: A Study on the Cultual Tourism Merchandising, *The Academy of Korea Tourism Policy*, Vol.3（1）, 247-272
Hwang S.（2007）: "The potential of the Korean Wave, the Statement", In Ishida E., Kimura K., and Yamanaka C.（eds）, *Sociology of Media-Post Korean Wave*, Mineruvashobo, 109-136
石田佐恵子・木村幹・山中千恵（2007）:『ポスト韓流のメディア社会学』，ミネルヴァ書房
Kang B. and Yasujima H.（2010）: "The study on the establishment process of Korean town in Shin-Okubo area.", *Proceeding of JITR Annual Conference*, 41-44
Kang, S.（2011）: The "Korean Wave" and Fashion Design in Japan:New Possibility for the Diaspora Business
金恵媛（2011）:「韓流受容と韓国認識の多様性」，山口県立大学 紀要学術情報４，29

-42
Kim H. (2007):"The Korean Wave Boom in Korea", In Ishida E., Kimura K., and Yamanaka C. (eds), *Sociology of Media-Post Korean Wave*, Mineruvashobo, 75-77
Korea Tourism Organization (2011):Report, "Inbound Tourism Market in Korea 2010" (http://korean.visitkorea.or.kr/kor/tt/knowledge_db/tour_industry_info/official_report/content/cms_view_1349209.jsp)
Lee, K. (2009):"A study on the Names and Tones of Korean Traditional Colors", *The Japan Society for Fashion Business*, Vol.14, 73-81
Lévi-Strauss, C. (1988):The Savage Mind, Weidenfeld & Nicolson.
NHK (2004): Report: http://archives.nhk.or.jp/chronicle/B10002200090412040030059/
NHK衛星放送局海外ドラマ班 (2005):『「冬のソナタ」への手紙』, 日経ビジネス (2011):2011年12月26日発売号
櫻坂英子 (2008):「韓流と韓国・韓国人イメージ」, 駿河台大学論叢36, 29-47
Ryang S. and Nakanishi K. (2005):*Korean Diaspora*, Akashisyoten
Seoul City Official Site, Design Seoul (http://design.seoul.go.kr/n_dscontent/designseoul.php?MenuID=526&pgID=743)
Smith, M. and M. Robinson (2005):*Cultural Tourism in a Changing World*, channel view Publications (阿曽村邦昭・阿曽村智子訳『文化観光論』古今書院)
Tokita, A. (2005):"*Hallyu*" *Yonga and the Future of Japan-Korea Relationships*, Biennial conference of the Korean Studies Association of Australia, University of Auckland
Uchida H. (2010):"Special "Korean Wave" form boom to a genre", *Aura* (202), No.51, 25-27
Wood, R. (1984):Ethnic tourism, the state, and cutual change in Southeast Asia, *Annals of Tourism Research*, Vol.11(3), 353-374

第Ⅱ部

ツーリストの行動と，ツーリズムを支えるビジネス

第Ⅱ部　ツーリストの行動と，ツーリズムを支えるビジネス

第4章

観光行動
―観光のまなざし

　アーリ（Urry, 1990）[1]は，「観光のまなざし」について，日常から離れた異なる景色，風景，街並みなどに対してのまなざし，もしくは視線を投げかけることであるとした。観光においてまなざしが選ばれるのは，「夢想や空想を通して，自分が習慣的に取り囲まれているものとは異なった尺度あるいは異なった意味を伴うようなものへの強烈な楽しみへの期待」があるからだと主張する。そして，このまなざしは，社会的に構造化，組織化され，観光の専門業者が再生産を後押ししている，と考えた。アーリは，マカネール（MacCannell）が主張する真正性（authenticity）よりは定住者と観光目的地の差異（difference）が重要であるとした。その差異はツーリストのまなざしによって区分される。アレックス・カー（2002）[2]もその差異に注目し，自国の文化に外国人を受け入れることで，より栄え，もし外国人を排斥すると逆に色あせてしまう傾向があると主張する。

　橋本（1999）[3]は，観光を「異郷において，よく知られているものをほんの少し，一時的に楽しみとして売買すること」だと定義する。つまり「観光文化」とは，ツーリストの文化的文脈と地元民の文化的文脈とが出合うところで，各々独自の領域を形成しているものが，本来の文脈から離れ，一時的な観光の楽しみのために，ほんの少しだけ売買されるものだというわけである。さらに，観光行動が「文化形成」に関わるのは「観光」ではないと主張し，「観光」は確かにある程度のインパクトを与え，ツーリストの「まなざし」が地元の「文化形成」に対する自己反省的な検討を加える契機となる可能性はあるが，それ

以上のものではないとした。安村（2001）⁴⁾は，文化観光の真正性と商品化に関する観光研究の理論的課題の検討を通じて，"新たな観光"としての文化観光の本質と可能性を議論している。安村は「観光の真正性」の概念を下記のようにまとめた。

- 真正：客観的現実とツーリストの真正性が合致した状況である。
- 演出された真正：観光提供者がツーリストのために場面を演出するが，ツーリストがその演出に気づかず，それを現実として受け入れてしまう。
- 真正性の否定：ツーリストが「客観的状況」を誤解して，その真正性に疑いを持つような状況を指す。
- 人為的：ホストや観光提供者が場面を積極的に演出し，その演出をツーリストも認識している状況である。

また，安村（2001）はホストとゲストの対等な交流の視点から新しい観光の背景には，マスツーリズムの弊害があるとした。マスツーリズムは，豊かなゲストが貧しいホスト社会を訪れる，という南北問題の不均等構造の上に成り立っているばかりか，ゲストの大群はホスト社会の環境を破壊した。したがって，新たな観光はマスツーリズムの弊害を克服し，ホスト社会の文化と環境を尊重し，ホスト－ゲスト間の対等な交流を目指す観光形態であるとしている。

地域住民（ホスト）とツーリスト（ゲスト）間の活動および行為の形態は，まずツーリストの類型によって異なる型として現れる。また，観光目的地の特性によっても多様性と複合性を持つ。

図表4−1　観光形態の類型

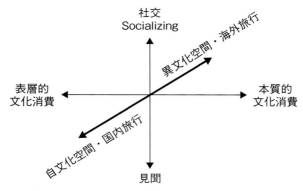

出典：吉田（2008）[5]，p.239

　ツーリズムの形態がますます多様化する中，吉田（2008）は，従来の観光形態から現在，および未来の観光形態の動きに注目した。方向性が垂直方向にあるのは，「見聞」行動であり，もう一方は自文化と異文化との出合い＝社交＝旅と考えるので，「社交」であるとしている。水平軸には，既存のマスツーリズムなどが対象としてきた「表層的文化消費」（偽物や擬似体験），その反対方向を「本質的文化消費」として観光形態を類型化している。さらに，縦軸と横軸の二次元空間に，自文化空間＝国内旅行か，異文化空間＝海外旅行を加えた領域で，実在する多様な観光形態を説明している。

　しかし，時代の変化に伴い，ホストとゲストの文化変容や南北問題が，最近ではヨーロッパを中心に，オーバーツーリズム（over tourism）へと動いている。オーバーツーリズムとは，ごく最近になって登場した用語であり，観光地が耐えられる以上のツーリストが押し寄せる状態のことを指す。ある都市にツーリストが殺到することで，交通渋滞，地価の上昇によって，長年この地に住んできた地域住民が地域を離れる現象が起きている。オーバーツーリズムの背景には，LCCやAirbnbなどを利用する観光客の急増がある。安価に文化観光を楽しもうとする大勢のツーリストが押し寄せた結果，地域が本来持つ最適受容能力を超えてしまい，日常生活に支障を来たした地域住民の不満が爆発し

図表4－2　マスツーリズム，ネオツーリズム，ニューツーリズム

	マスツーリズム	ネオツーリズム	ニューツーリズム
基本モチーフ	る・る・ぶ （食べる・見る・遊ぶ）	（社交）ソーシャライジング	異文化との出合い
異文化への まなざし	自文化中心主義 優越感に浸る	文化的洗練と卓越 文化創造の互恵的切磋琢磨	文化相対主義
自他関係・客同士 ホスト・ゲスト	同化 みんな一緒／画一に	交響的相互変容 「つかず離れず」の関係≒無縁平等	差別化 違いの確認
異文化交流	イントラ・カルチャー	トランス・カルチャー	インター・カルチャー
価値規範	集団志向	「価値自由」自我・他者の規範から解放	個人志向
マーケティング	企業主権 市場・顧客管理	売り手・買い手の「やりとり・取引」復活	脱商品化 非営利主義

出典：吉田（2008），p.238

ている。すでにアムステルダムでは，市内におけるホテルの新築を禁止し，Airbnbの営業日数を60日に制限したほか，利用客に宿泊税を負担させたり，クルーズ船の入港を制限したりするなど，よりハイエンド（high end）な旅行者を増やし，ローエンド（low end）な格安旅行者を減らすよう対策を講じている。

4-1　観光行動（tourism behavior）

　観光行動が成立するためには，まず，「お金＝費用」や「時間」「情報」などの基本的な条件が整っていなければならない。また，観光主体と観光対象を結びつける媒介機能としての交通や情報などは，観光行動を具体化させるために必要である。観光は，18世紀の産業革命時にインフラが整ったことで大衆化へ動いた。旅行者の観光行動を誘発するには，なにより観光地に対する情報が重

要な役割を果たす。なぜなら，観光そのものは形を持たないサービスを中核とし，直接体験してみないと評価できない特性を持つため，イメージに影響されやすいからである。観光情報とは，観光対象に関する情報のことで，観光の魅力を想起させる機能を持つ。もちろん観光情報を伝える情報媒体は時代とともに多様化し，複雑に変化しつつある。例えば，書籍・パンフレットなどの印刷媒体，テレビなどの電波媒体，インターネットを通して伝達されるマルチメディア媒体が存在する。最近は，インターネットを通して行われる発信や受信の割合が大きい。特に，スマートフォンへの依存度は高い。

多様な情報媒体を駆使し，ツーリストの欲求を充足させることで直接観光行動へ繋げるための刺激が必要となる。観光行動は，求める観光商品を探索し，代案を考え，評価し，購買決定および購買する行為である。特に，ツーリストが必要とする情報を的確に与えることがより重要となる。そのためには，ツーリストの理解が必要不可欠である。

4-1-1 ツーリストの類型化

Cohen（1972）は，ツーリストをthe drifter（漂流者），the explorer（探検家），the individual mass tourist（個人マスツーリスト），the organized mass tourist（団体マスツーリスト）に分類する。また，Cohen（1979）[6]は，人が日常生活圏と観光地の両極（両端）の中，自分の中心（center）をどこにおくのかによってツーリストを五つに類型化している。①娯楽型モデル（recreational model）：身体的娯楽を追求する，②慰安型モデル（diversionary model）：日常から解放する。旅行経験が楽しければそれで十分なため，一番実現しやすい，③経験型モデル（experiential model）：真正性（＝本物）を求める，④実験的モデル（experimental model）：主な要求として現地（地域）住民との交流を求める，⑤実存型モデル（existential model）：旅行目的地の文化やライフスタイルに完全に溶け込む。

図表4－3　ツーリストの類型化

自文化中心 脱日常追求	the recreational tourist 娯楽型ツーリスト	for whom the emphasis is on physical recreation 日常生活から離れ，体で楽しませる娯楽に中心をおく
	the diversionary tourist 慰安型ツーリスト	who seeks ways of forgetting their everyday life at home ホームで日常生活を忘れる方法を探す
異文化中心 固有性追求	the experiential tourist 経験型ツーリスト	who looks for authentic experiences 真正な経験を探す，異文化中心の探求
	the experimental tourist 実験型ツーリスト	whose the main desire is to be in contact with local people 現地民との接触を求める
	the existential tourist 実存型ツーリスト	Who wants to become totally immerse in the culture and lifestyle of the vacation destination 彼らの欲求は目的地の文化やライフスタイルに完全に溶け込むこと

出典：Cohen（1979）に基づき筆者作成

　以上のようにツーリストを類型化するのは，観光行動をより正確に把握するためである。そもそも人はなぜ観光するのか，それはほとんど本能的なものであるとする見方が古くからある。しかしながら，観光という社会現象を，個々人の行動として考えるのでなければ明らかに理解することはできない。前述したように人が観光行動を起こすためには，観光行動をするための自由時間，必要な資金，観光動機の促進（情報＝知識）が必要で，加えて観光行動をしたいと思う願望（観光動機）が必要な条件となる。そこには観光動機を誘発させるための欲求が求められる。

　アメリカの心理学者，マズローは，「人間は自己実現に向かって絶えず成長する」と仮定し，人間の基本的欲求を五つあげ，それはピラミッド状の階層を構成していて生理的レベルから社会的レベル，そして自己実現レベルまで階層をなしているとした。

マズローの説明によると，生理的欲求が満たされると，次の段階が顕在化する。その階段を登るように欲求が満足されていく。最終的には自己実現の欲求を持つようになる。

個人の基本的欲求について考えれば，それはまったく満たされていない場合，一部分だけが満たされている場合，あるいは，完全に満たされているときもあるだろう。欲求が充足されている人は健康的である，一方，充足されていない欲求をかかえている人は病気になる危険性，あるいは，ある水準において不健康な状態になる可能性がある[7]ともいわれる。しかし，著者は，観光の場合には必ずしも段階を踏むのではなく，常に柔軟性を持っているようにみえる。

図表4－4　Maslow 人間の動機段階

レベル	欲求	説明	例
自己実現のレベル	自己実現欲求 self-actualization needs	自己達成の目標	例：トレッキングあるいは活動的休暇
社会的レベル	尊敬／地位欲求 esteem needs	名声や地位の願望	例：フライングやクルーズの休暇
社会的レベル	所属欲求 social needs	社会集団の容認	例：ガイド付き団体の休暇
生理的レベル	安全性欲求 safety needs	安全性に関する個人や知覚の程度	例：飛行機の安全性
生理的レベル	生理的欲求 Physiological needs	生存，基本的欲求	例：目的地の食品衛生，清潔で飲める水の供給

出典：Maslow（1943）に基づき筆者作成

実際に，ツーリストの行動をみると，生理的欲求が満たされたら危険性があるにもかかわらず，自己実現のために旅に出る人も少なくない。

前田（1995）は，ツーリストの心理と旅行形態について下記のように説明し

ている。

ツーリストの形態により，心理的な緊張感と解放感の強弱に影響を与えるということだ。個人旅行で，なにか目的がある，自国より先進国を訪れると解放感より緊張感が高まる。一方，慰安・娯楽型の団体旅行で，自国より経済的に貧しい国への旅行は解放感の方が大きくなるという説明である。

観光行動は，観光目的地に対する心理的要因などによって変化する。このような心理的要因が観光経験の価値を決定することもありうる。ツーリストごとに動機，条件，おかれた状況や環境の中，観光経験をするために，多様な観光対象（自然環境，人文建築など）と人（同伴者，家族，親友，他のツーリスト，地域住民，サービス提供）と相互作用をしながら観光を実現する。

図表4－5　観光者心理と旅行形態

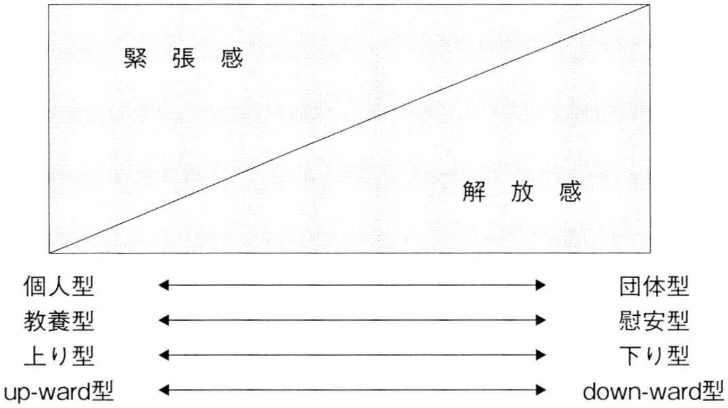

緊張感	←→	解放感
個人型	←→	団体型
教養型	←→	慰安型
上り型	←→	下り型
up-ward型	←→	down-ward型

出典：前田（1995），p.119

ツーリストにおいて心理的距離とは，物理的距離（physical distance）は全て固定されているが，実際の距離と知覚する距離とのギャップがあることを指す。それが認知される距離である。特に国際観光においては，物理的距離より心理的距離（psychological distance）が重要である。最近のツーリストのニーズには，顕著な変化がみられる。大型団体観光中心から少人数グループないし

家族旅行に重点が移り，観光の単位が小さくなっている。

図表4－6　ツーリスト形態の変化

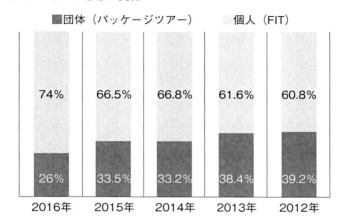

出典：観光庁（2018）：「訪日外国人消費動向調査」

　図表4－6のようにツーリスト形態の変化により，観光市場にも変化がみられる。

4-1-2　訪日外国人旅行者の観光行動の変化

　訪日ツーリストの中，個人旅行者（Foreign Independent Tourist）は，中国が60％を超え，韓国は88.7％，香港は90.6％になる。また，香港・台湾は80％を超えるリピーター率で，韓国も65％を超え，中国は40％を超える率で，相当高いリピート率をみせている。さらに，かれらの観光行動も娯楽サービスへの消費金額が増えるなど，体験を重視しているようにみえる。モノからコトへ移行していることがデータからみえてきた。徹底してツーリストのニーズを分析しなければならない。個客が求める情報の発信が大事になってくる。

　観光行動を喚起させるために多様な戦略を立てる理由は，ツーリストから選択してもらわないとなにも始まらない産業であるからだ。したがって，ツーリストマーケットでは，ますます多様化するツーリストを類型化したり，より心

図表4－7　モノからコトへの観光行動の移行（娯楽サービスの消費金額割合）

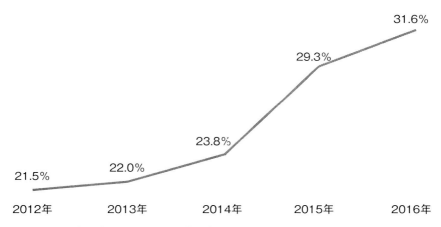

出典：観光庁（2018）：「訪日外国人消費動向調査」に基づき筆者作成

理的距離感を減らす方法を探したり，ツーリストに認知度を高めるために力を入れている。

　1980年代の後半，消費社会論が盛んに議論されていたころ，大手広告会社の「電通」は，成長経済から成熟消費社会への変化を，"Having"の時代　⇒　"Doing"の時代　⇒　"Being"の時代　と謳った。つまり，これは消費社会の「成熟」の過程を，3段階で表しているのだ。

　「モノからコトへ」といわれ，モノの消費（購入＝所有，極端な例として日本では訪日中国人の"爆買い"のような現象）から，「観光」のような非日常の豊かな体験や経験が，消費の対象となる。現代の成熟消費社会は，マクロの視点では，「自分」ということが非常に大きな意味を持ち（自己実現），経験価値＝「コト」の消費ではなく，文化価値が求められていると，指摘している。

　さて，観光の新しい課題は，「文化価値」を，どのように「旅」として実現するのか，にある。ダニエル・ベルは，すでに，1970年代，『脱工業化時代の到来』という本の中で，「最終的に経済に方向を与えるものは，価格体系ではなく，経済が埋め込まれている文化の価値体系である」といっている。まさに，

今日の文化・情報創造社会の価値創造について，見事な予言を行っている。「見る観光」から「する観光」「学ぶ観光」に関心が集まっている。そこで観光の動向を決める主勢力の観光ビジネスが観光の発展を導くかを注視していこう。

4-2 観光情報

　観光情報とは，「観光の"対象"に関する情報」のことであり，情報提供の目的は観光地の魅力を喚起させることである。その情報媒体も時代とともに，書籍・パンフレットの印刷媒体から，テレビ・ラジオの電波媒体，最近はスマートフォン向けなどのアプリによる情報媒体へと多様化している。ITの発達により，ツーリストもスマートフォンのアプリを利用し情報を得るようになった。

　そもそも，①情報とは，有意味の記号（シンボル）の集合である。それは「雑音（ノイズ）」と区別しなければならず，実物そのものではない。②その情報を一定の規則に従ってデータに置き換えて記録すること，つまりエンコード，符号化ともいう。③情報媒体は伝達手段として古くは「口承」「文字」「印刷物」などがあったが，インターネットの発達によって視覚・聴覚に訴える媒体が進化する。④情報化と全く逆の現象として情報の解読＝Decodeがある。利用者が自分の頭の中に，自分なりのイメージを構築することだ。このような一連のフローから情報は生産・消費される。

　そこで，観光情報の単位も四つに分けることができる。一つ目は「点」の情報がある。世間一般にいわれる「観光スポット」の情報だ。または，宿泊・食事施設，レストランなどの情報も「点情報」に入る。二つ目は「線」の情報だ。どうすれば目的地まで辿りつくのか，アクセス手段，さらに運賃情報を提供すること。航空，鉄道，バスなどの交通機関情報もこの「線情報」に入る。三つ目は「面」情報である。観光エリア単位に，個別の「点情報」「線情報」を総合し，地域の観光協会，市町村が観光エリアマップを作成するなど地元の観光ガイドブックの類がある。最後は「時空間」情報が存在する。一部地域に限定

し，ツーリズム情報を総合的に俯瞰できるように一覧性を持たせた「面情報」をさらに進化させて"時間進行の要素"を加えた総合化情報がツーリズムの「時空間情報」である。

　国の政策も同様である。日本は観光立国を超え，観光大国になろうとしている。大国になるためには三つの条件が必要であるといわれる。「認知度」「アクセスの良さ」「治安環境」だ。しかし，観光大国の代表的な国フランスの治安は，いいのか？　著者は，少し他の条件も考えてみた。まず，「人口」である。観光地の定住人口に比べ，どの程度の国際ツーリストが訪問しているのか。フランスの人口（2018年7月現在）は，6,718万人であり，インバウンドツーリスト数は，8,260万人で人口を上回る人数が訪れている。または，「多様な観光スタイルの実現可能性」である。都市観光，文化観光，農村観光など，一つの国で多様な観光形態が体験できる。最後には，その目的地の「観光（余暇）文化の認知度」である。観光文化が定着されているのかも重要ではないか。フランスは国民に5週間の有給休暇を制度化している。「観光」と「バカンス」といった要素はフランス文化を理解する上でもはや欠かせないという（青木，2012）[8]。経済面でも観光産業がGDPの7％を占めており，国の基幹産業であることは間違いない。このような要素が観光大国になる条件かもしれない。しかしながら，知らせてみせて，来てもらえないといけないので，訪問先に対する認知度，アクセスの良さ，地理に不安なツーリストが安心して一人で歩けるような環境，言い換えれば，治安の良さは観光地選択において，大事な要素であることは間違いない。認知度を高めることはイメージ形成と密な関係がある。フランスという国に対する日本人が抱くイメージは"花の都パリ"，美しい国であるだろう。料理，ファッション，映画，シャンソンなど，言葉までお洒落なイメージは観光目的地としてあまり変わらない。

　Boorstin（1981）[9]によると，イメージとは多数の印象を組み立てた結合（総合）物である。Imageは，模倣するという意味のラテン語"Imitari"と連繫された語で"Imago"に由来する。特定対象の外的形態に対する任意的模倣や再現を意味する。特定の国家イメージとは，その国の代表する商品，国家の

特性，政治，および経済的状況などによって形成される（Nagashima, 1970)[10]。

　各国の観光プロモーションビデオをチェックし，その国がなにを大事にしているのかをみると興味深い。世界各国の観光PVは，確実なストーリーを通して，現地にいるような感覚とスペクタクル（Spectacle）を与えることが大事である。その国に対する好奇心と感動を与えるように制作している。

図表4－8　JNTOウェブサイトアクセス数推移　　　　（単位：万ページビュー）

	2002年	2009年	2010年	2011年	2012年	2013年	2014年
年間アクセス数	1,958	10,870	168,899	219,000	326,600	461,000	1,055,000

出典：三ツ木丈浩（2017）：「日本の観光プロモーションについての一考察」，埼玉女子短期大学研究紀要第35号，pp.81-99に基づき筆者作成

　全世界的に認められたのはタイのAmazing Thailandのプロモーションである。タイの高いホスピタリティ文化や多様な経験が提供できる目的地としてポジショニングに成功した。日本も四季の美しさや伝統生活文化をメインとして，世界にアピールしている。2002年度と2009年度から2014年度のJNTOウェブサイトアクセス数の推移をみると，年々大幅に増加している。

　しかし，日本の観光情報の提供は有効なのか。特に，地方の行政や観光協会，観光事業者等は多種多様な観光情報を提供している。ツーリストの求めている情報が適切に提供されているのか。訪れた観光地が持つ観光資源とツーリストの観光スタイルに合致しない場合もあるだろう。

　実際に，訪日外国人は日本に来る前に旅行情報源としてなにを最も利用しているのかを調べた結果としては，個人のブログが最も活用されていることがわかった。

　最初からそのようなミスマッチングを避けるためには，訪れるツーリストの年齢や国籍，同行者等の属性によって求める情報かを正確に把握し，有効な観光情報提供システムを構築すべきである。これに従い，地域に適した情報内容の検討や提供媒体の選択を検討する。

図表4－9　訪日外国人の旅行情報源

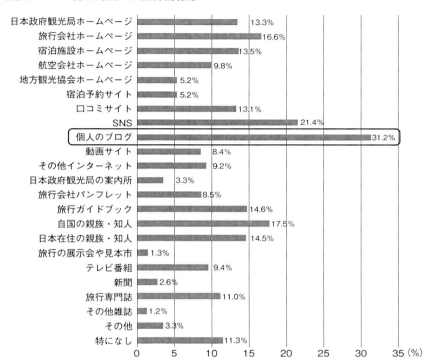

出典：観光庁「訪日外国人の消費動向調査　平成29年度」

そもそもなぜ人は旅に出るのだろうか。それは，本能的なものであるといわれる。しかし，なんらかの動機づけがなければ，なかなか行動を起こすまでには至らないであろう。Murray（1964）[11]は，人間が行動を誘発（arouse）し，方向を設定（direct）し，統合（integrate）する内部要素（internal factor）が動機であると定義した。

4-3　観光地選択

なぜ，特定の観光地を選択するのか。消費者行動論では，ツーリストの観光

地選択行動の理由を個人的動機と社会的動機に分けて考えている（Tauber, 1972）[12]。個人的動機とは，①役割演技（role playing），②気晴らし，③自己満足，④新しいトレンドを学習する，⑤身体運動，⑥感覚刺激で，社会的動機とは，①家族以外の社会経験，②同様の興味を持つ者とのコミュニケーション，③仲間との娯楽，④地域と権威，⑤安売りの快感などである。

　Mathieson and Wall（1982）は，各要因間の関係をモデル化した。ツーリストが旅行商品を購買するプロセスを段階ごとに捉える。まず，なにかを目的として，例えば，日常生活から解放され，休暇を求めるなどの旅行者のプロファイル（属性），旅行に対する認知，目的地の資源と特徴，旅館，リスクなどの旅行条件の四つの要因が影響を与える。旅行者は，みずからの属性と旅行に対する認知に影響され旅行欲求を生起する。旅行先のイメージに基づき，旅行先を評価し，さらなる旅行条件を考量した上で旅行先を決定することが指摘されている。大方（2006）は，旅行者の意思決定過程に関するこれまでの研究をレビューし，その中でも旅行先選択についての議論を整理した。既存の旅行者意思決定に関する研究は，意思決定のプロセスとそれに影響を与える要因についてのフレームワークを提示してきた。そして旅行者の内的発動要因と外的誘引要因の二つの側面が相互作用した結果，旅行先が選択されるということが示されているとした。

　観光商品や観光ビジネスにおいてはツーリストに感情を誘発させることで，ツーリストの価値を考えるべきである。Holbrook（1998）は，消費価値はある特定の対象に対する購買者の評価であり，相対的次元の選好経験として同質の商品であっても各購買者が追求する価値が異なると異なる反応および評価をみせると指摘した。Zeithaml（1988）は，価値は出したものの代わりに得たものという認識下にどのような製品やサービスの効用に対する全般的な評価であるとTrade-off概念を用いた。さらに，消費価値を構成する要因は人間の心理的側面および選択動機に影響を与える消費価値に対し，Parasuraman & Grewal（2000）は，消費価値を所有価値（acquisition value），取引価値（transaction value），使用価値（in-use value），償還価値（redemption value）

図表4−10　Mathieson and Wall（1982）旅行者意思決定モデル

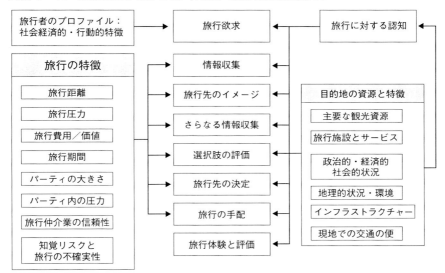

出典：Mathieson and Wall（1982），p15に基づき筆者作成

に分類した。

4-4　観光地における経験価値

　観光は結局，経験することからその価値を認め，評価する。経験価値は，単に，製品・サービスをモノとして売るのではなく顧客のライフスタイルにおけるコンテクストとして消費を捉え，そのプロセスで感覚や感情に働きかけることにより消費の意味付けを行うことを目的とする。経験価値は，観光地や観光ビジネスにおいても顧客に感情を誘発させることで，集客や客単価の向上に結びつけることである。

　パインとギルモア（2005）[13]は，これまで企業が消費者に提供して来た経済的オファー（提供物）には，コモディティ→製品→サービス→経験という四つの発展段階があったという。それぞれを八つの視点からを性格づける（図表

図表4-11　経済システムの進化

経済価値	コモディティ	製品	サービス	経験
経済システム	農業経済	産業経済	サービス経済	経験経済
経済的機能	抽出	製造	提供	演出
売り物の性質	代替できる	形がある	形がない	思い出に残る
需要の特性	自然	規格	カスタマイズ	個人的
供給方法	大量貯蔵	在庫	オンデマンド	一定期間みせる
売り手	取引業者	メーカー	サービス事業者	ステージャー
買い手	市場	ユーザー	クライアント	ゲスト
需要の源	性質	特徴	便益	感動

出典：パイン＆ギルモア著，岡本・小高訳（2005）：『経験経済』，p.19

4-11）。コモディティは代替可能，製品は有形，サービスは無形だが，経験を買う人，例えば，ディズニーにならえば，「ゲスト」は，サービスにお金を使うために商品の購入を控え，今ではそのサービスに使うお金や時間を消費し，もっと思い出に残る経験を選ぼうとする。経験を買う人は，ある瞬間や時間に企業が提供してくれる"コト"に価値を見出すと主張した。企業は顧客の心の中に作られる情緒的内容に富んだ経験を提供する「経験ステージャー」となり，従業員は「キャスト」となる。

　この経験価値について重要なのは，それが価値の提供者である売り手だけではなく，価値の受容者である買い手とともに創られることである。Schmittは，経験価値とは，過去に起こった経験を指しているものではなく，購買の前や後のマーケティング活動によってもたらされるある刺激に対する個人的な出来事であると定義している。観光行動は，人々に豊かな精神的な満足と感動と経験価値を提供することで，より地域（目的地）の認知度を高める。

■注
1）John Urry（1990）：*Tourist Gaze*（加太宏邦訳『観光のまなざし』，法政大学出版局，1995）
2）アレックス・カー（2002）：『犬と鬼：知られざる日本の肖像』，講談社
3）橋本和也（1999）：『観光人類学の戦略：文化の売り方・売られ方』，世界思想社，

p.280
4）安村克己（2001）：「文化観光における真正性と商品化の問題」（徳久球雄他編著『地域・観光・文化』，嵯峨野書院，2001）
5）吉田順一（2008）：「観光創造の方法と方向：ネオツーリズムと文化デザイン」，大交流時代における観光創造70，229-248
6）Cohen, E.（1979）：A Phenomenology of Tourist Experiences. *Sociology* Vol.13（2），179-201
7）Potter, A.P, Perry, A.G.（1991）：*Basic Nursing : Theory and Practice*（2nd ed）. 25-30.St.Louis: Mosby-Year Book
8）青木幹生（2012）：『観光大国フランス：ゆとりとバカンスの仕組み』，現代図書，77-79
9）Boorstin, D.（1981）：*The Image*, NewYork, Atheneum
10）Nagashima, A.（1970）：A Comparison of Japanese and US attitudes toward foreign products, *Journal of Marketing*, 34（1），68-74
11）Murray, E.（1964）：*Motivation and Emotion*, Englewood Cliffs Prentice-Hall
12）Tauber, E.M.（1972）：*Why do people shop?*, *Journal of Marketing*, 36, 46-59
13）Pine, J. and Gilmore, J.（1999）：The Experience Economy: Work is Theater & Every Business a Stage, *Harvard Business Review*（岡本慶一・小高尚子訳『経験経済』，ダイヤモンド社，2005）

【参考文献】

Cohen, E.（1972）：Towards a sociology of international tourism, *Social Research*, Vol.39（1），164-182

Holbrook（1998）：The Dangers of Educational and Cultural Populism, *Journal of Consumer Affairs*, Vol.32（2），394-397

Mac Cannell, D.（1976）：*The Tourist*, Macmillam（安村ら訳『ザ・ツーリスト』，学文社，2012）

Maslow, H.（1943）：A Theory of Human Motivation, *Psychological Review*, 50, 370-396.

Maslow, A. H.（1970）：Motivation and Personality, Harper & Row（小口忠彦訳『人間性の心理学：モチベーションとパーソナリティ』，産能大学出版，1971

前田勇（1995）：『観光とサービス心理学』，学文社

Mathieson, A and Wall, G.（1982）：*Tourism: Economic, physical, and Social impacts*, Longman.

大方優子（2006）：「旅行先選択行動に関する考察」，東海大学福岡短期大学研究紀要

Parasuraman, A. and Grewal, D.（2000）：The Impact of Technology on the Quality-Value-Loyalty Chain: A Research Agenda, *Journal of the Academy of Marketing Science*, Vol.28（1），168-174

Schmitt, H. B.（1999）：Experiential Marketing（嶋村和恵・広瀬盛一訳『経験価値マーケティング』ダイヤモンド社，2000）

タニエル・ベル（1975）：『脱工業化時代到来』，ダイヤモンド社

Zeithaml, V.A.（1988）：Consumer Perceptions of Price, Quality, and Value: A Means- End Model and Systhesis of Evidence, *Journal of Marketing*, Vol.52（3），2-22

Column02

観光大国フランスの目的地ブランド戦略

　世界最大のインバウンド受入国であり観光業を国の重要な産業として位置づけているフランス政府は，消費者が価格よりもまず目的地を選ぶ意思決定プロセスに注目し，ブランドの重要性を指摘している[1]。フランスが消費者に選んでもらえる目的地となるためには，傘ブランドとなる国家ブランドであるフランス・ブランドが重要であり，フランス・ブランドによってプロモーションおよび強化される目的地ブランドによるフランス・ブランドの強化もまた不可欠である（ATOUT FRANCE, 2010）。目的地ブランドの構築と，ブランドの維持および強化を図っている事例として，フランスの観光地モン・サン・ミシェル（Mont Saint-Michel）の事例を紹介したい。

　モン・サン・ミシェルは，フランスの北西部にあるサン・マロ湾（Le Golfe de Saint-Malo）内の小さな湾であるモン・サン・ミシェル湾（Baie du Mont Saint Michel）に浮かぶ岩山に建てられた礼拝堂から発展した巡礼地で，海に浮かぶ姿から「西洋の驚異（Merveille de l'Occident）」と称されてきた。サン・マロ湾は最も激しいところで，潮の満ち引きの差は15メートル以上，湾に潮が満ちてくるときには沖合い18キロメートルまで引いていた潮が，馬が走るほどの速度で押し寄せるため，かつては多くの巡礼者が潮に飲まれて命を落とした場所でもある。

干潮時のモン・サン・ミシェルと教会内部（筆者撮影）

　モン・サン・ミシェル湾には，クエノン川，セリューヌ川，セー川の３本の川が流れ込んでいるが，1879年にクエノン川の上流にあるカゼルヌ（Caserne）からモ

第Ⅱ部　ツーリストの行動と，ツーリズムを支えるビジネス

ン・サン・ミシェルまでの約2キロメートルにわたって道路建設が着工された結果，川の流れが河口近くで弱まってしまい，クエノン川が砂で埋まり始めた。道路建設から100年後の1985年には2メートルの砂が堆積し，「このままでは，2040年にはモン・サン・ミシェルは砂地に囲まれてしまう」という専門家の見解が示された。

　このままではかつて「西洋の驚異」と呼ばれたモン・サン・ミシェルが海に浮かぶ景観が損なわれ，目的地ブランドの毀損を招いてしまうという危機感から，観光業を国の重要な産業として位置づけているフランス政府は，EUおよびノルマンディー地域圏，ブルターニュ地域圏と共同でモン・サン・ミシェル湾の「海洋特性復興計画（Grand Projet de Rétablissement du Caractère Maritime)」を立ち上げた。

　モン・サン・ミシェルの海洋特性復興計画の使命は，観光客数を現在より増やすことと，観光客の満足度を高め，モン・サン・ミシェル・ブランドを強化することの2点にあった。具体的には，モン・サン・ミシェル湾の潮の干満に対する観光客の強い関心を喚起し，視覚的な喜びを増強させることで滞在日数を増やし，観光客が一時期に殺到する状況をコントロールする狙いであった。観光客の殺到による混雑は，観光客のサービス施設へのアクセスや島内巡回路の散策を制限してしまうと同時に，観光品質を低下させる要因となってしまうため，ブランド価値を高めるには，混雑を解消し，より良好な条件下でのサービスの提供が必要となるためである。

　モン・サン・ミシェルの海洋特性復興計画は，1995年，モン・サン・ミシェルのコミューンと，フランス政府，バス＝ノルマンディー圏，およびマンシュ県との間で正式な協定が締結され，スタートした。約10年間の調査を経た後，予算規模2億3,000万ユーロをかけた国家事業として2005年工事に着工した。

　モン・サン・ミシェルがとった主な方法は次の通りである。

（1）クエノン川が砂で埋もれる原因となった湾内の道路を撤去する
（2）道路脇に作られていた駐車場もあわせて撤去する
（3）カゼルヌからモン・サン・ミシェルまでの間に歩道橋を建設する
（4）駐車場はモン・サン・ミシェルから2キロメートル上流のカゼルヌ（Caserne）に設ける
（5）カゼルヌには，駐車場の他に，キャンプ施設，宿泊施設，スーパーマーケット，案内所も設置する
（6）カゼルヌ－モン・サン・ミシェル間で無料のシャトルバスを運行させる
（7）クエノン川に砂が堆積するのを防ぐため上流に河口堰を設置し，必要に応じ

てバルブを操作することで堆積した砂を取り除けるようにする

モン・サン・ミシェルからみた干潮時の湾内（筆者撮影）

　2005年に実質的な工事に着工し，2009年にはクエノン川の河口堰[2]）が完成した。2010～2012年にかけて，カゼルヌの駐車場やインフォメーション・センターなど，観光客を受け入れるための設備の建設や，カゼルヌからモン・サン・ミシェルまでの交通手段の整備が進められた。2012年からシャトルバスによる輸送サービスが始まり，2014年にはモン・サン・ミシェル島と陸地を結ぶ歩道[3]）が完成した。2015年には堤防道路が完全に撤去され，一連のプロジェクトが完了した。

歩道橋からみたモン・サン・ミシェル（筆者撮影）

　この計画が観光地モン・サン・ミシェルのイメージを維持し，景観が回復したのはいうまでもなく，観光客の流入コントロールや顧客満足の向上にもつながった。結果として，モン・サン・ミシェルの海洋特性復興計画は，持続可能な観光開発であると同時に，観光地ブランド価値の向上や観光収入の増加にもつながる手法として評価されている。

■注
1）Stratégie Destination France 2010-2020
2）潮流コントロールシステムを採用して湾に堆積した砂を取り除くための設備。
3）歩道橋は，モン・サン・ミシェル周辺の潮やクエノン川の流れをせき止めないように工夫されているだけでなく，満潮時には橋がすっぽり海面下に沈む高さに設定し，モン・サン・ミシェルが海に浮かぶかつての姿を取り戻せるよう設計されている。

【コラムの参考文献】

ATOUT FRANCE（2010）：Strategie Destination France 2010-2020 et Plan Marketing 2010-2015

Henry Adams（1959）："Mont-Saint-Michel and Chartres", Doubleday & Company Inc. New York（野島秀勝訳『モン・サン・ミシェルとシャルトル』，法政大学出版局，2004）

Jean-Paul Brighelli（1987）："Entre ciel et mer, le Mont Saint-Michel", Gallimard（岩澤雅利訳，池上俊一監修『モン・サン・ミシェル：奇跡の巡礼地』，創元社，2013）

国枝よしみ（2013）：「地域保全と観光マーケティング：日本および海外における地域連携の一考察」，関西学院大学博士論文

（執筆：米田晶）

第 5 章

旅行業のゆくえ

　旅行業のビジネスモデルは，1990年代IT産業の発達に伴い，急激に変化し始めた。まず，団体旅行から個人旅行への旅行形態の変化は，旅行業の収益モデルを大きく変化させた。個人旅行化による，顧客ニーズの多様化，集客コストの増加，宿泊施設の個室化など，次第に，旅行業を経由しない観光客が増えた。また，インターネットの急速な普及により，IT企業が旅行市場に参入するなど，旅行業のサービス・エンカウンターが対面（オフライン）からオンラインへと移行した。さらに，日本人旅行者数が減少する一方で，インバウンド旅行者数が急増していることで，提供されるサービスの内容が日本人向けから外国人対応へと入れ替えることも多い。

　旅行業は「報酬を得て，一定の行為を事業として行うもの」と定義されている。観光関連商品およびサービスの変遷は旅行業を中心として展開してきたともいえる。しかし，旅行業の機能や役割は時代とともに変化し，時代の要請や環境に応じて常に変化している。

　本章では，まず，旅行業という新しいサービスを提供した人物トーマス・クック（Thomas Cook）の旅行業の開拓を通して，基本的な旅行業の役割について説明する。

5-1　近代観光とトーマス・クック[1]

　観光が19世紀後半に発展する契機の一つは，トーマス・クックの旅行業の創

第Ⅱ部　ツーリストの行動と，ツーリズムを支えるビジネス

立であった。クックは，さまざまなアイデアを考案しパッケージ・ツアーの原型を作り出した。それらの「仕組み」によって，観光大衆化への道が開かれたともいわれている。

　クックによる旅行業の創設は，時代背景として産業革命とともにスタートした。当時の工業化・都市化の波は，遊びの形態を都市型に変え，さらにマスツーリズム・ビジネスの結合をもたらした（荒井，1984）[1]。旅行業は，ビクトリア時代のレジャー革命の中から生まれた一つの新しい産業であった。そこで，トーマス・クックは，旅行業の先駆者であり，「パッケージ・ツアー」の創始者として，大衆旅行時代を開いた。パッケージ・ツアーとは，航空や陸上輸送，荷物の取扱い，宿泊，食事，その他といった娯楽旅行のためのもろもろのサービスや商品をセットにした一つの商品であり，同じ価格で消費者に販売されるものである。パッケージ・ツアーを大衆現象にまで押し上げたのは，まさにその安定性と予測可能性である。

　クックは，印刷業のかたわらでバプティスト派の布教活動や禁酒運動にも取り組んでいた。クックは，当時の都市労働者の飲酒習慣をなくすために，旅を教育の一手段とみなし，観光という健全なレジャーを労働者階級に提供した。クックが最初に実践したのは，禁酒運動大会の行楽旅行である。鉄道に目をつけたクックは，1841年に団体割引の特別列車を仕立て，570人の参加者の旅行の全行程をすべて取り仕切った。クックはミッドランド鉄道のレスター駅からラフバラー駅の間で特別列車を走らせた。彼は，禁酒大会の参加者を募集するために，宣伝し，切符を印刷・販売する一方で，車輌の段取り，軽食の手配，さらに大会会場ではダンスやクリケットなどアトラクションの準備も行った。運賃はレスター＝ラフバラー間の往復切符に無償のサービスがついて1シリング。これがクックの考案した「安い切符の制度」であった。初めての汽車の旅は大いに盛り上がり，ダンスやさまざまなゲームなど，男も女も夏の1日を存分に楽しんだ。この日の成功によってクックの人生は大きく変わった。

　クックは，旅を大衆のレクリエーションにするために観光資源の開発に努めた。旅を大衆化するためには，まず価格を下げることが必要であった。そこで

第 5 章　旅行業のゆくえ

クックは，夜間遊んでいる車輌を活用することを思いつき，「月光の旅」と称する夜行列車を運行させ，好評を博した。車中泊が選ばれた大きな理由は，宿泊施設の不足と高い宿泊代金の節約にあった。つまり，大衆化が直面した問題は「足」よりむしろ「宿」にあった。このような現象は現在にも続く。1851年のロンドン万国博覧会に続いて，国内外で開催される博覧会はイギリスに観光ブームをもたらした。クックは外国旅行の分野でも順調な成長を続けたが，クックにとって最初の競合相手は，サウサンプトンのヘンリー・ゲイズであった。ゲイズは1844年パリ観光団を組織したのを手始めに旅行業を開始し，1854年にはクックより1年早くワーテルロー戦跡めぐりのツアーを実施していた。ゲイズは海運・金融の代理業，団体旅行の引率，地図やガイドブック，時刻表の刊行のほか，パリに2ヶ所のホテルを持っていた。この競争は結局クックが生き残るが，その勝因は同族経営の強みにあったとみられている。

　その後，1845年には営利事業としての旅行業が手がけられ，多くの成功を収めた。1846年のスコットランド・ツアー以降，1855年のパリ万国博覧会で初めての海外旅行，周遊旅行を企画販売する。クックが種をまき，育てた「パッケージ・ツアー」が普及し，イギリスからの旅行者が大陸に押し寄せ，フランス・イタリアはもちろん，ヨーロッパの国々でイギリスのツーリストをみかけない都市がほとんどないような状態になると，あちこちでイギリス人の悪口が聞かれるようになった。旅行業のパイオニア・偉大なイノベーターとして国際的に名声を高めつつあったクックはこの変化を素早くキャッチし，1865年に息子のジョンと Thomas Cook & Son社をロンドンに設立した。その後，Thomas Cook & Son社は世界中にネットワークを築いていき，20世紀の初頭には国際観光の市場を独占するまでに成長した。

　トーマス・クックの旅の企画・商品化，旅行業の開拓の動機は，私的な利潤の追求のみではなかった。旅を教育の一手段として考え，都市の労働者階級に健全な娯楽を与え，社会の改良に役立てたい，という一人のバプティスト，一人の禁酒運動家の密かな願いが込められていた。今日，旅行業は代表的な余暇産業，レジャー産業として，国民生活に深く根を下ろしているが，その起源は

一人のビクトリアンのあつい公共心と強い繋がりを持っていたのである。Thomas Cook & Son社は，その後，所有権や経営形態は変わったが，今なお世界最大規模の旅行業者の一つとして健在である。

5-2　日本の近代化と観光

　日本の近世は，16世紀後半の安土桃山時代から19世紀半ばの江戸時代の終わりまでをいう。近世とは，明治時代には直前の江戸時代を表す用語であった。そのため，日本の近世には，江戸時代の封建制と明治時代の革新性を対照して，前近代と近代の非連続性を強調する傾向がある。

　しかし，日本の近代化の基礎が江戸時代に築かれたという説が1980年代以降に多く提起された。江戸時代の伊勢参りには1705年には参詣者が375万人（当時の日本の人口は2,800万人）で，1830年には500万人（当時の人口は3,220万人）が参加したといわれる。18世紀に江戸ではマスツーリズムが実現されていた。その大衆観光を可能にさせたのは貨幣の流通，道路の設備，宿屋の整備などであったといわれる。江戸時代に庶民の間では一生に一度は伊勢神宮に参拝することが流行り，伊勢参りは庶民の巡礼の目的地であった。当時，社会的安定と参勤交代制度の確立により街道や宿泊施設の整備などインフラが整えられた（ハードウェアの整備）。また，伊勢参りの運営上の役割を果たしたのが御師制度である。御師は参拝者の代わりに伊勢神宮に祈祷をしたり，地方からの参拝者に伊勢滞在中の宿所を提供するなどのサービス提供者としての側面を持っていた。

　御師はまた伊勢信仰の大衆化と参拝制度においても大きな役割を担っていた。彼らは十分な資金を持たない庶民が「一生に一度は」伊勢神宮に参拝できるように伊勢講を組織させた。伊勢講は，共同出資によって資金を積み立てる金融組織であり，御師は定期的に各地を回って集金し，代表で伊勢神宮を参拝する代参者を選ぶなど，現代の旅行会社の役割を担っていた。大勢の人が自由に土地を離れ，旅をすることができなかった時代に，人々は伊勢参りをタテマエと

して旅に出ることができ，本音は大坂や京に立ち寄り物見遊山を楽しんでいた。

　明治5（1872）年に鉄道が開通すると，旅行は飛躍的に容易になってくる。現在までの日本人の旅行形態である，修学旅行，温泉旅行，海水浴などはこの時代から始まっている。明治38（1905）年は「日本旅行」の前身となる"旅行会"が創業し，明治45（1912）年には「ジャパン・ツーリスト・ビューロー（JTB）」が創業する。その後，昭和に入ると経済発展とともに旅行需要が拡大する。昭和39（1964）年の東京オリンピック，東海道新幹線の開通，高速道路の開通など，インフラが整備されると，観光はますますマス化していった。昭和39年，海外渡航が自由化され，個人が自由に海外旅行に行けるようになった。その後，旅行経験を蓄積するにつれて，個人のニーズも多様化する時代に向かう。

5-3　旅行業とは

　旅行業は観光者とサプライヤー（観光客体）の間に立ち，観光者に情報を提供し，商品購入を促し，購買を代理する。一方では，サプライヤーが販売するサービスを代理販売したり，商品を創出したりする。

　旅行業法は，旅行業を「報酬を得て，一定の行為を事業として行うもの」（旅行業法第2条第1項）と定義している。ここでいう報酬とは主に手数料であり，旅行業者の収入の中心となっている。ここにある「一定の行為」とは，旅行者が旅行時に必要な「交通機関」「宿泊機関」をはじめとし，目的地における「食事機関」や「観光施設」その他，サプライヤーの必要な要素を顧客の要望に従って取り揃え，または，選定して提供することである。これらの行為は報酬を得ることを前提として行われるものである。

　旅行業法は，旅行業を規制し，①旅行取引の公正を維持すること，②旅行の安全の確保を図ること，③旅行者の利便の増進を図ることを目的としている。

　旅行業の基本的な業務としては，「旅行者のために，旅行サービスの提供を受けることができるように代理・媒介・取次ぎをする行為」「運送又は宿泊

のサービスを提供するもの，旅行者に対するこれらのサービスの提供について，代理して契約を締結し，又は媒介する行為」「他人の経営する運送機関または宿泊施設を利用して，旅行者に対して運送または宿泊のサービスを提供する行為」がある。

図表5－1　旅行会社の役割

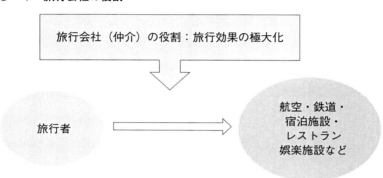

観光客の顕在的・潜在的ニーズを基に観光客体の情報を組み合わせて造成した商品としてのパッケージ・ツアーは航空・鉄道・バスの輸送，宿泊，レストランなどの娯楽施設のサービス商品をセットにした一つの商品であり，同じ価格で人々に販売されるものである。オリビア・ロフグレンは，パッケージ・ツアーの観光客は「冒険よりも安全を選び，本物と偽物の区別ができない」人々だと表現するなど，ツーリストに対する社会学研究者の非難も大きかったが，マスツーリズムを押し上げたのはその安定性と計画性である。

　現在，旅行業法に定める旅行業の種類を整理すると下記のようになる。パッケージ・ツアーを企画し販売しているのは，通常，出発地に拠点を構える旅行会社である（以下「発地型旅行会社」とする）。発地型旅行会社は航空会社や鉄道会社から発生した企業が多い。その背景には出発地に拠点を構えながらも，本業を通じて出発地から遠く離れた目的地の情報が入手できること，目的地で

の人的交流を通じて人脈を形成しやすいことなどがあげられる。発地型旅行会社のビジネスモデルは，潜在的旅行会社が居住している出発地でマーケティング活動を行い，集客し，出発地から遠く離れた目的地を経て再び出発地に戻ってくる観光旅行の全行程をコントロールすることで，手数料を受け取る。そして，観光地にとってパッケージ・ツアーのコースに取り込まれるということは，自動的に一定人数の旅行者がコンスタントに送られて来ることを意味している。

旅行業は旅行業法によると，大きく3種類あり，旅行業者代理業は特定の旅行業者の専属代理業者である。そのうち，「観光圏整備法」に基づく旅行業者

図表5-2　旅行業法による旅行業者

		登録行政庁（申請先）	業務規範				登録要件		
			企画旅行		受注型	手配旅行	営業保証金	基準資産	旅行業務取扱管理者の責任
			募集型						
			国外	国内					
旅行業者	第1種	観光庁長官	○	○	○	○	700万（1,400万）	3,000万	必要
	第2種	主たる営業所の所在地の管轄する都道府県知事	×	○	○	○	1,100万（220万）	700万	必要
	第3種		×	△	○	○	300万（60万）	300万	必要
	地域限定（新設）		×	△	△	△	100万（20万）	100万	必要
旅行業者代理業			旅行業者から委託された業務				不要	—	必要
観光圏内限定旅行業者代理業		観光圏整備実務計画における国土交通大臣の認定	旅行業者から委託された業務（観光圏内認定，対宿泊者限定）				不要	—	研究修了者で代替可能

注：第1種旅行業：海外・国内の企画旅行の企画・実施，海外旅行・国内旅行の手配および他社の募集型企画旅行の代売を行うことができる
　　第2種旅行業：海外「募集型企画旅行」の企画・実施を除く旅行業務を行うことができる
　　第3種旅行業：「募集型企画旅行」の企画・実施を除く旅行業務を行うことができる（地域限定の国内募集型企画旅行のみ実施可）
　　旅行業者代理業者：上記旅行業者が委託する範囲の旅行業務を行うことができる
　　各年とも4月1日現在
出典：観光庁（2017）：「旅行業法の改正について」

の数は減少傾向であったが，日本交通公社の「旅行年報2016」によると，旅行会社数は，2016年には1万社を上回り増加。第1種，第2種，第3種，地域限定旅行業は増加したが，旅行業者代理業は減少した。

旅行業法によると，旅行業は大きく3種類に分類され，旅行業者代理業は特定の旅行業者の専属代理業者である。そのうち，「観光圏整備法」に基づく滞在促進地区内の宿泊業者が，観光圏内での宿泊者を対象に旅行業者代理業を営む「観光圏内限定旅行業者代理業」もある。

構造的に件数が少ない第1種旅行業者，いわば我々がよく目にする旅行会社，例えば，JTB，近畿日本ツーリスト，日本旅行など上位10位の大手旅行会社が旅行業界全体をリードする。2012年の総取扱高は，前年の大震災から増加に転じ，約5.9兆円と推計される。登録種別では第1種旅行業者の取扱いが約85%を占めている。

図表5－3　種類による旅行業者数

年	第1種旅行業者	第2種旅行業者	第3種旅行業者	地域限定	旅行業者計	旅行業者代理業者	合計
2009	791	2,787	5,957	-	9,535	901	10,436
2010	769	2,744	5,891	-	9,404	879	10,283
2011	738	2,785	5,837	-	9,360	880	10,240
2012	726	2,799	5,749	-	9,274	872	10,146
2013	701	2,869	5,738	-	9,308	837	10,145
2014	696	2,777	5,625	45	9,143	835	9,978
2015	697	2,776	5,524	77	9,074	810	9,884
2016	708	2,827	5,668	118	9,321	779	10,100

出典：JATA：https://www.jata-net.or.jp/data/stats/2016/15.html（2018年7月24日）

しかし，2000年以降の情報通信機器の普及および情報通信技術の目覚ましい発達によって広まったインターネットによって，あらゆる情報が巷に氾濫したばかりか，ブログやSNSなどの情報交換アプリの普及によって，旅行者間の情報交換が始まった。観光者が自分の行きたい旅行先に関する最新かつ詳細な情報を容易に入手できるようになった一方で，発地型旅行会社のスタッフの情報

源は自社端末の提供するコンテンツやクリフ，施設情報などの静的情報に限定されるため，顧客に対する「旅行・観光情報の優位性」という付加価値を提供できなくなりつつある（一般社団法人日本旅行業協会国内旅行委員会，2004）。

5-4　マーケットの変化によるビジネスモデル転換

　インターネット時代の到来によって，旅行ビジネスモデルにも収益構造に変化がみられる。オンライン・トラベル・エージェント（online travel agent, 以下，OTA）の登場は既存の対面営業が中心であった旅行業に脅威を与えている。
　グローバル展開を行うOTAは，インターネットという情報通信技術を最大限に活用することでその強みを発揮させる事業モデルである。野村（2014）[2]

図表５－４　オンラインで旅行予約する理由

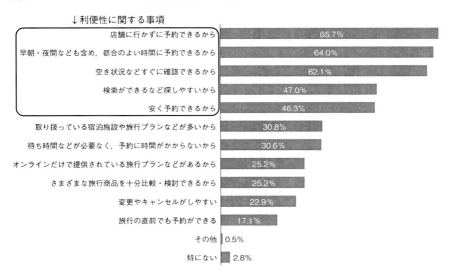

注：（複数回答）（n=428）
出典：Mitsubishi UFJ Research and Consulting
　　　http://www.caa.go.jp/policies/policy/consumer_policy/caution/internet/pdf/adjustments_index_1_161017_0001.pdf（2018年7月24日閲覧），p.22

によると，OTAは，容易に世界市場へアクセスできる技術力のみならず，各国で定めた法則の枠組みを「すり抜ける」力も具有している。また地球上のどこかに顧客が存在し，自社商品の競争力があるとみるや即市場参入し，収益が上がらない場合には即撤退する身軽さも有している。

インターネット販売を利用する理由については，2016年消費者庁委託調査事業「オンライン旅行取引サービスの動向整理」報告書によれば，図表5－4のように価格面よりも，時間や場所の制約を受けずに予約できるといった「利便性」が特に評価されている。一方，調査会社J. D. Power[3]のレポート（2014）によると，OTAを使用した観光客の最も満足している点は，「価格（66％）」「利用経験（44％）」「ブランド評価（22％）」「レビュー（ウェブサイト，ブログ，記事など，19％）」の要素が高いことを明らかにした。OTA使用者が，インターネットを通して多様な商品を比較した上で購入し，帰着後自分の経験に

図表5－5　旅行業の領域と収益構造

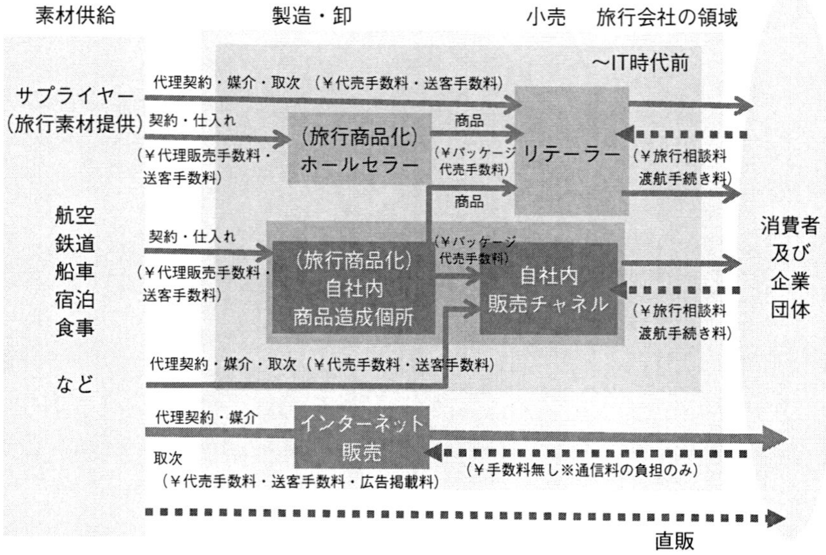

出典：高橋一夫・大津正和・吉田順一（2010）：『1からの観光』，碩学舎，p.4

ついて星をつけて評価し，レビューを書くなどフィードバックを残すことは，OTA企業に膨大な情報力を与えることになる。このようにフィードバックされた情報はOTAがより強烈なブランドパワーを育て，顧客のニーズに合致した商品を提供できるようにする。

現在，全世界のOTAマーケットはExpedia Inc.と Priceline Groupが全体の94％を占めている（Jason, 2016）。

5-5　グローバル化における旅行業の地殻変動——IT企業の参入

いつでもどこでも気軽に宿泊施設の予約ができる OTA（online travel agent）サイトは，今や宿泊予約には当たり前となってきた。実際にはサイト数も多く特徴もさまざまで，特に初めてネットで予約する場合，どこのサイトを利用すればいいか迷う人も多い。

「楽天」「じゃらん」「一休.com」のようなインターネット販売系旅行業が旅行業界に参入してきている。インターネット販売旅行業のビジネスモデルは「場貸しビジネス」とも呼ばれる。

宿泊情報を掲載するサイトを宿泊施設側に提供し，料金やプラン設定をまかせる代わりに，宿泊施設から徴収する手数料率を従来型のパンフレットを使った旅行商品で販売する際の手数料の半分程度に抑えるモデルをいう。

実際のところ，大手旅行業の対面販売よりインターネットで購買する観光客が，圧倒的多数を占めている。

JTB総合研究所は，市場調査会社のユーロモニターが行った世界の旅行会社の取扱額ランキングを集計したものを公表している。2013年度のランキングでは，1位はExpedia（エクスペディア）39,443百万ドル，2位はPriceline（プライスライングループ）39,173百万ドル，3位はCarlson Wagonlit Travel（カールソンワゴンリートラベル）31,611百万ドル，4位はTUI（トウイ），25,593百万ドル，5位はAmerican Express（アメリカンエクスプレス），24,256百万ドル，6位はThomas Cook（トーマス・クック）18,122百万ドル，

7位はJTB（ジェーティービー）15,180百万ドルの順であったが，2015年度には，1位はExpedia（エクスペディア）60,830百万ドル，2位はPriceline（プライスライングループ）55,528百万ドル，3位はCtrip（シートリップ）26,753百万ドル，4位はAmerican Express（アメリカンエクスプレス）25,569百万ドル，5位はCarlson Wagonlit Travel（カールソンワゴンリートラベル）24,200百万ドル，6位はBCD（ビーシーデー）22,954百万ドル，7位はTUI（トウイ）22,697百万ドルの順となった。取扱額の推移から，最近10年間で世界の旅行会社の順位が大きく入れ変わり，圧倒的にITに強い会社，IT企業といっても過言ではないExpediaやPricelineが世界の観光産業に大きく影響を与えていることがみてとれる。海外OTAは，サイトの構成や予約までの手順が簡潔でわかりやすいのが特徴的である。パソコンだけではなく，今はスマートフォンで予約確認からチェックインまで便利に利用することができる。当然海外ホテルの掲載数が圧倒的に多い。一方，国内OTA（楽天トラベル，じゃらん，一休.com）は，家族旅行プラン，国内出張客向けプラン，ご当地プランなど日本人の宿選びに特化しているのが特徴だといえる。その他，宿泊以外にも使える共通ポイントが還元されるなど，日本国内向けのサービスが充実している。

　国内OTAにグローバルOTAが加わった異業種プラットフォームも急速に台頭し続けている。また，OTA企業は，購入データから旅行者の動きをリアルタイムで察知することも可能であり，旅行者行動の理解にも優位性を有している。

　旅行会社はますますリアルからOTAへ，さらにメタサーチへ変化し続けている。訪日外国人が団体旅行から個人旅行へ移動し，それに伴い，メタサーチとして，トラベルコ，トリバゴ，トリップアドバイザーなど，一泊ホテル料金を最も安く提供している会社を順番に探してくれる。もちろん，トリバゴはエクスペディア系列で，まずは，顧客をパソコンの前に，スマートフォンを通して，ネットでホテル旅行商品を予約する環境を作ることとともに，莫大な顧客情報を収集できる仕組みとともにブランドとユーザーごと獲得して巨大化していく。

第 5 章　旅行業のゆくえ

　日々変化する環境の中，独自のビジネスモデルを構築し多様な顧客のニーズに対応していく旅行会社を考えてみたい。

5-6　大手旅行業の交流ビジネスへの転換とベンチャー企業のチャレンジ

5-6-1　顧客参加型マーケティングシステム構築——クラブツーリズム

　著者が初めて観光を勉強するために大学院に入った時，今後観光は「クラブツーリズム」を勉強すればその答えがみえてくるとクラブツーリズムのビジネスモデルを熱く語っていた先生の姿が懐かしく思い出される。クラブツーリズムは，設立当初から60歳以上のアクティブなシニア層にターゲットを設定していた。彼らは，旅を通して"仲間作り"という同好会を作り，その同好会が一つのコミュニティ集団となった「クラブ」がキーワードである。テーマ性があるツアーに参加しやすい顧客を集めて囲い込んでクラブを作る。クラブツーリズムはクラブ活動を支援するシステムを構築すれば顧客が積極的に参加し，次のツアーのアイデアを出してくれると考えた。クラブ限定のツアーが企画され，参加者が集まる。会社は，彼／彼女らが集まりやすくするための交流スペースを設ける。いわば交流サロンの「カフェ」だ。旅行会社のパッケージ・ツアーに参加すると，その旅行期間中，参加者は一時的に一つの集団となる。観光客は無意識に集団に帰属しているわけである。そこで，クラブツーリズムは，旅行終了後に「カフェ」を設け，旅の思い出話ができる空間を提供することによって，顧客間で，また顧客と旅行会社の間で，価値観の共有や共感による「コミュニティ集団」を形成しようと考えた。顧客からのツアー企画を形にすることがクラブツーリズムの付加価値の本質である。そこには「フレドリースタッフ」という社員が顧客と接する業務を一貫して担当する。同好会のようなクラブで新しい案が出てもその企画を形にするための専門的な知識が必要となる。しかし，クラブツーリズムのビジネスも顧客参加の取り組みは現在進行中で，現在のところ，収益の大半は大量販売型ツアーに依存している。今後は，他社より一歩進んだビジネスモデルを構築する方法を模索している。

一般的なパッケージ・ツアーは旅が終わると全てのサービスが終了するため，アフターサービスという概念はあまりない。そこで，クラブツーリズムは，参加した顧客に旅行情報誌『旅の友』を配布している。『旅の友』では次の旅のために必要な情報を提供したり，旅行の感想や体験談など顧客が作るページを増やしたりしている。この『旅の友』が，旅行好きの人の旅情を喚起し，繰り返し旅に出る需要を作り出し，集客力につながったのは間違いない。さらに，最もユニークなのは『旅の友』の配布方法にある。『旅の友』の配送を担当してくれる人々は「エコースタッフ」と呼ぶ。「エコースタッフ」の多くが60代の女性で，自分の住む地域に詳しく，健康のためによく歩く人々。自転車に「旅の友」を載せて歩くには適当な1平方キロの担当区域を一日で，顧客にクラブ誌を配ることで地域における仲間づくりの輪を広げている。エコースタッフ制度は経済的メリットよりも付加的な効果が大きく，顧客との「協働」を実現しているのである。1993年54名でスタートしたエコースタッフは現在（2018年）7,000名となる。クラブツーリズムではこうしたエコースタッフの参画を側面から支えるために「エコー通信」というエコースタッフ専用のコミュニ

図表5－6　クラブツーリズムのビジネスモデル

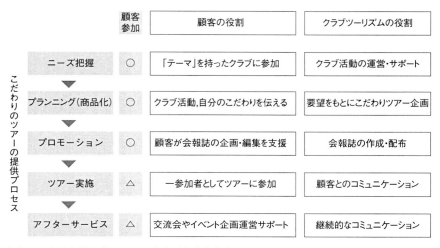

出典：日本総合研究所のデータを基づき筆者作成

ケーション誌を発行し，エコースタッフ同士の交流を深めるイベントも開催している。このコミュニティ集団は，旅行会社に対する愛着を持続させていることからリピート購買につなげることができる。

5-6-2 「みんなで旅をつくる」ソーシャル旅行サービス，トリッピース

　トリッピース（trippiece）は，既存の旅行会社とは違った型破りな方法で，旅行商品を企画する仕組みを作った。すなわち，SNSを通して人々が求める旅を実現できるように働きかける仕組みを作ったのである。トリッピースは，前述のクラブツーリズムと「交流」という側面は似ているものの，ターゲット層が異なり，若者に旅体験を売るコンセプトである。「みんなで旅を作るソーシャル旅行サービス」をうたう「trippiece（トリッピース）」(http://trippiece.com/) は，東洋経済[4]とのインタビューで，設立時の理念を「旅で隔たりのない世界を作りたい」と語っている。CEOの石田は大学3年生の時に起業し，「今，若い世代は一般の旅行ツアーには魅力を感じない。決められたものだけを享受することにワクワクしない。海外旅行の自由化から50年が経ち，旅行に行くこと自体を自慢できるという時代でもない。『非日常の体験』や『自分らしさ』を旅に求める人が増えていると思う」と述べている。トリッピースには「値段検索」機能がない。これまでの旅行は，まず行き先を決めて値段検索をするというのが典型だった。実際，大手旅行会社の広告には格安ツアーが並ぶ。一方で，トリッピースのユーザーたちが求めるのは「どこに，どれだけ安く行けるか」ではなく，「どこで，なにを体験するのか」であり，一つとして同じプランはない。価格ではなく，内容で決める。初めての海外旅行に，ハワイではなく「象使い」を体験しに行く，といったユーザーがトリッピースには多い。

　トリッピースのビジネスモデルは，まず「こんな旅がしたい」という意見を持つユーザーの旅行企画を募集し，手がかりとして現地の写真を載せたりすることで，「行きたい」「楽しそう」と共感するユーザーを募っていく。ある程度の人数（最低催行人数）が集まれば，旅行会社と交渉し，商品として成立させ

る。トリッピースの収益源は，旅行会社からのキックバックである。言い換えれば，トリッピースは，旅行会社とユーザーの仲介業である。既存の旅行会社にはなかった，新しい旅行ビジネスである。

■注
1) 荒井政治（1984）：「トマス・クックによる旅行業の開拓」，経営史学19（2），65-79
2) 野村尚司（2014）：「旅行商品取引のグローバル化進展と豪州における制度の変化」，玉川大学観光学部紀要，第2号，1-12
3) http://www.jdpower.com/business/press-releases/2014-online-travel-agency-satisfaction-report，（2018年8月27日閲覧）
4) https://toyokeizai.net/articles/-/18215?page=5 （2018年9月22日閲覧）

【参考文献】
Jason, C.（2016）：Everything You wanted to know about the Hotel Industry's Grips Against OTAS, http://skift.com/2016/4/25/everything-you-ever-wanted-to-know-about-hotel-industrys-complaints-against-otas/ （2018年8月20日閲覧）

第6章

ツーリズム・ビジネス
——宿泊ビジネス

　宿泊ビジネスの始まりは，人が移動するようになり，旅人が快適さと安全性を求めるようになってからだと考える。旅の歴史をみてみると，交易のための旅行があり，シルクロードでは隊商の宿として中庭に集まるキャラバンサライがあった。宗教的には，聖地への巡礼の旅では教会が，日本ではお寺の宿坊が宿泊施設として使われた。さまざまな理由で人々が移動し，必然的に宿泊施設が生み出され，人々の移動をさらに促進していった。

　古代の旅は，必要に迫られ，やむを得ず出た旅も多く，旅は危険や苦労を覚悟の上で行われていた。しかし，今日の宿泊ビジネスは，昔と比べると，はるかに複雑で多様化してきている。宿泊施設は，旅行者を安全に宿泊させるという宿泊業の本来的機能に加え，ビジネス活動の場，社交の場，余暇活動の場，さらには教育の場としての機能をも提供するに至っている。

　本章では，宿泊ビジネスの性格を理解するため，宿泊施設の発生から今日の産業化された宿泊ビジネスにいたるまでの発展過程をそれぞれの時代の社会的背景とともに学び，日本の固有の宿泊施設である旅館の価値について考える。また，宿泊産業の経営上の特徴と特性を考察する。さらに，最近の宿泊ビジネスにおける新しい動向としてシェアリングビジネスのビジネスモデルを学び，今後の方向性について考察する。

6-1　宿泊ビジネスから学ぶ

　今日の観光を考える上で，宿泊施設はきわめて重要な構成要素となっている。しかし，観光者のニーズが多様化し，高度化するのに従って，宿泊ビジネスも多様性と複雑性を持つようになった。言い換えれば，「楽しみのための旅行」と定義される観光にあって，「楽しみ」そのものが人々の価値観の多様化に伴って多岐にわたり，さらにその充足のレベルはますます高次のものへ変化している。このような観光者の欲求の質的な変化が，宿泊施設は単に睡眠と安全という画一的なサービスを提供していればよかった時代から，個々のニーズに対応した施設とサービスを提供しなければならない時代へと変化させた。つまり，現代の観光において宿泊施設に求められていることは，個性化，差異化されたさまざまな施設とサービスを取り揃えることによって観光者の選択の幅を広げ，個々人の欲求を満足させることである。

　宿泊施設の歴史は人々の空間の移動，すなわち「旅」の歴史とともに始まった。旅の歴史をふり返ってみると，人々の旅は「生きるための旅」に始まり，「権力による使役のための旅」，やがて「宗教・巡礼の旅」の発生をみることになる。このように宿泊施設は旅人の必要性から生まれた。

6-1-1　宿泊施設の歴史的変遷

　古代エジプト時代の都市間を結ぶ交通の要衝には，交易のための旅をする人々を対象にした宿泊施設の集合体として「キャラバンサライ（隊商宿）」が生まれ，ローマ帝国時代の「ムーターティオー（mutatio：馬交換所）」が古代宿泊施設の起源といわれている。

　山口（2012）[1]のホテルの歴史的変遷について整理した論文を大いに引用し，概観する。

　13世紀以降，ルネサンス時代には交易による旅の増加とともに，食事と宿泊をサービス報酬を受けて提供する「イン（Inn）」が発達する。18世紀末，フラ

ンスで初めて「ホテル」の名称が使われ，次いでイギリスでも使われるようになった。貴族を基盤とした「ホテル」が，「産業革命」の恩恵をうけながら，経営技術とともに本格的に発展していく。

　アメリカには，イギリスの原型がそのまま移入された。1794年，ニューヨークに「シティ・ホテル」が建てられた。本格的なホテルは，1829年にボストンに建てられた「トレモント・ハウス」といわれている。「トレモント」の出現までのホテルは数人が一緒に寝られる大部屋からなっていたが，「トレモント」は初めて「シングル・ベッドルーム」「ダブル・ベッドルーム」のみのホテルとしてプライバシーを重んじた。「鍵付きのドア」をつけ，「洗面ボール」「水差し」，そして無料の「石鹸」を備えた。経営者兼所有者であったボイデン一家はアメリカに初めて「フランス料理」を紹介し，「ベル・ボーイ」の制度と組織を確立し，「ルームテレフォン」の前身としての「呼び鈴」がつけられた。この「トレモント」を契機としてアメリカには次から次へと「より良き」「より大きい」ホテルが競って建てられ，19世紀半ばにはついにその絶頂に達したといわれている。

　一方，19世紀のヨーロッパでは，それまでの絶対主義体制が崩壊し，王侯貴族に代わる新しい特権有産階級が台頭した。セザール・リッツとオーギュスト・エスコフィエの「サヴォイ・ホテル」を成功させた。その後，エスコフィエとリッツは，1898年には，パリにホテル・リッツを，その翌年にはロンドンにカールトン・ホテルを立て続けに開業させる。リッツとエスコフィエは，「リッツ・ホテル」を舞台として，貴族や富豪たちの要求にホテルのサービスを通じて応えたのであり，日曜日の晩餐の提供，晩餐の際のドレスコード，男女同伴，家族での食事などホテル利用のスタイルを提供・確立させた。

6-1-2　近代——チェーンホテルの誕生とホテルオペレーターの成立

　産業化の進展による人・物資の移動の活発化に伴い，宿泊体制も整備された。スタットラー（Statler）は，1908年，「近代ホテルの誕生」ともいわれるバッファロー・スタットラーホテルを開業した。スタットラーは，商用客を対象と

して300室全部バス付き，1泊1ドル50セント，ドアを開けるとすぐ側に部屋のスウィッチ，朝刊の無料サービスなど，当時としては，宿泊産業界のイノベーターであった。宿泊産業の，①安全性，②快適性，③利便性（情報・新聞）を提供し，"Home away from home"というビジネスの理念を確立しながらも，個室・低価格というマーケットを明確化，細分化し，客室を標準化した。また，料理場の設計には「人の流れ」を科学的に分析し，現代に通じる宿泊ビジネスの基本を作った。さらに米国各地に次々とホテルを開業し，1922年には当時世界最大といわれた「ペンシルバニア・ホテル」が鉄道会社の資本で建てられ，これを「リース契約」の下にスタットラーが委託契約を始めた。スタットラーは，ホテル経営管理者および特に従業員の研修・養成に情熱を注ぎ込み，1922年，アメリカホテル業界の要請の下にコーネル大学に「ホテル経営学部」を創設した。

　その後，Hilton（1950年代）がホテルビジネスをチェーン（Chain）化時代に導いた。ヒルトンは経営をより科学的に運営し，コストコントロールしていた。ホテルの特徴としては買収による運営受託，予約センターによる予約システムつまり予約制を確立した。

6-2　日本の宿泊施設の変遷

　旅館業法に「「旅館業」とは旅館・ホテル営業，簡易宿所営業及び下宿営業をいう。この法律で「旅館・ホテル営業」とは，施設を設け，宿泊料を受けて，人を宿泊させる営業で，簡易宿所営業及び下宿営業以外のものをいう」（第2条）とある。

　旅館の歴史的変遷からみると，旅館の原点は，奈良時代の「布施屋」に遡る。その後，17世紀（江戸時代）に湯治の流行によって有名温泉地域に旅館が急増するなど，庶民の種々の目的から旅を楽しむことが増え，これに対応するために多様な宿泊施設が登場してくる。明治時代に入り，「温泉旅館」と「湯治旅館」が発達した。今日の旅館サービスの原型がこの時代に形作られたことにな

る。ここで女将が登場したものと推測している。

日本の宿泊の歴史と特色を整理すると次のようにまとめることができる。
- 奈良時代（710〜794）

　　旅館の原点は，前述のように奈良時代の「布施屋」に遡る。布施屋は無料で人を泊める施設であった。欧州のホテルと同じように，交通機関も交通網も発達していなかった当時，野宿しながらの旅は命懸けであった。路傍で餓死するものも多く，見かねた僧侶たちによって，旅人救済を目的に作られた日本の庶民の宿として最も古いものであり，寺院や神社に課せられた一種の社会的奉仕で，慈善事業的なものであった。
- 平安時代（794〜1185）

　　皇族や貴族の信仰地への参詣旅行が活発となり，荘園や寺院が宿泊に利用された。寺院内に設けられた宿泊施設は信者や参詣者にも開放され，後に「宿坊」と呼ばれるようになり，今日では広く一般にも利用できる宿泊施設として受け継がれている。著者がインタビューした何人かの女将には，現在の旅館のもてなしの原型として「宿坊」をあげる方も多く，宿泊におけるおもてなしの精神が現代まで生きているのではないか，と考えられる。
- 鎌倉時代（1185〜1333）

　　「木賃宿」が出現する。木賃宿では食事の提供はなく，自炊用の薪代を取ることから「木賃宿」と呼ばれた。庶民のための宿場である。
- 室町時代（1336〜1573）

　　宿屋の存在するような町は，室町時代に入ると方々に発達し始めていた（宮本，2006）。特定の神社に所属して参詣者を案内し，参拝・宿泊の世話をする「御師」が発達する。熊野や高野山に宿坊も出現した。伊勢神宮の外宮にあった「御師」は人々の旅行の重要な案内人であった。御師が現代のツアーコンダクターのような役割を担っていた。
- 江戸時代（1603〜1868）

　　五街道を中心とする交通基盤が整備されたことによって，各地に宿場町

が形成される。「旅籠」「本陣」「脇本陣」が数多く存在し，宿泊のみならず食事を提供した。1635年に制度化され幕末まで続いた参勤交代で江戸と国元を行き来する大名一行のための宿泊施設となったのが，「本陣」「脇本陣」であった。「本陣」「脇本陣」の役割を担ったのは地方の名家や寺社，長者であった。また当時，武家一般や商人を相手にする宿泊施設である「旅籠（はたご）」は馬の飼料入れの籠（かご）のことであった。それが，旅人の食糧等を入れる器，転じて宿屋で出される食事の意味になり，食事を提供する宿屋のことを旅籠と呼ぶようになった。自由な地域間移動は公には認められていなかったが，宗教的な巡礼や参拝は例外とされていたのと同様，湯治や物見遊山は比較的その規制が厳しくなかったため，庶民生活も豊かになり，伊勢参りや交易のための往復が頻繁になるなど，いわゆる一般大衆の旅行ブームが起こった。

城下町，門前町，港町，宿場町などでは木賃宿や旅籠が増加した。五街道の各宿駅には，簡単な食事，休憩のできる茶屋や旅籠屋，本陣，脇本陣などができた。「旅籠屋（はたごや）」は，江戸時代に各宿場にできた宿泊施設で，これは商業的な宿泊施設であった。これらの宿泊施設は宿泊のみを対象とした「平旅籠屋（ひらはたごや）」，さらに飯盛女を置いた「飯盛旅籠（めしもりはたご）」に分かれていくことになる。日本における宿泊産業の始まりともいうべきものである。

江戸時代の後半以降，庶民はいろいろな目的から旅を楽しむようになり，これに対応するため多様な宿泊施設が登場してくる。その一つが，商業の盛んな都市に登場した「商人の宿」である。一方，名所・景勝地には「物見拠点の宿」が登場した。また，これらの宿泊施設とは性格は異なるが，飲食・歓談を目的とした茶屋に宿泊機能が付属した「茶屋・料亭など付帯の宿泊施設」も登場してくる。この中には寺社参拝の往復時に，精進落としや遊興を目的として利用された宿泊施設もあり，いわゆる飲食・宿泊・入浴・遊興の機能を備えた今日の旅館に類似したものも登場している。

- 明治時代（1868〜1912）

明治維新（1868年）後，鉄道の敷設によって旅の形態は大きく変化し，

駅前旅館が誕生した。旅行も神仏詣中心の物見遊山の旅だけでなく、避暑・避寒、レクリエーション目的のものも普及するようになり、その結果「旅籠」は衰退していった。また、明治維新後、大名制度がなくなったため「本陣」は名称が残るのみとなり、高級旅館に転身した。鉄道の発達に伴い街道筋の旅籠に代わって「駅前旅館」が出現した。全国各地の温泉地には湯治を目的とした「温泉旅館」や「湯治旅館」が発達した。今日の旅館の原型はこの時代に形づくられたことになる。

- 昭和（1926～1989）

戦後の復興期は、観光地旅館として、大型旅館が主要温泉地に誕生するようになった。この時期になって本格的に温泉旅館、温泉観光旅館、観光旅館など現在の旅館の基礎ともいえる宿泊施設が全国の温泉地や観光地に設置される。その後、所得水準の向上、余暇の増大、価値観の多様化に伴って旅館軒数は1980年まで増加し続け、1992年までに施設規模は拡大傾向を示していたものの、最近では、客室の比較からみると、ホテルは増加傾向、旅館は減少傾向にある。

図表6－1　日本旅館の歴史と特色

旅館の歴史	特　色
奈良時代の「布施屋」	無料、庶民の宿として最も古いもの、寺院や神社に課せられた一種の社会奉仕
鎌倉・室町時代の「木賃宿」	熊野・高野山にあった宿坊や伊勢神宮の外宮にあった「御師」が人々の旅行に必要不可欠な宿泊施設
江戸時代の「旅籠」「本陣」「脇本陣」	旅籠は江戸時代、各宿場にできた商業的な宿泊施設
明治時代	本陣は高級旅館、旅籠は「駅前旅館」や湯治を目的とした「温泉旅館」へ
昭和・戦後	温泉旅館、観光地旅館、大型旅館

出典：姜聖淑（2013）：『実践から学ぶ女将のおもてなし経営』、中央経済社、p.18

ここで、日本のホテルの歴史についても簡単に整理しておこう。日本のホテルの誕生は、1868年、東京築地の外国人居留地に「ホテル館」が建てられ、そ

の後，1870年にはオリエンタルホテル，1873年に「日光金谷ホテル」が，外国人のための都市型リゾートホテル（避暑地として「金谷ホテル」，軽井沢に「万平」）として建てられた。1878年には日本人も利用できる「富士屋ホテル」が箱根に，1890年には本格的な都市型ホテルとして国の威信を示す「帝国ホテル」がそれぞれ誕生した。1927年には「ホテルニューグランド」，1928年には「川奈ホテル」など，クラシックホテルが誕生する。しかし，1950年には終戦を迎え，1955年には東京都内には「帝国ホテル」と「日活ホテル」程度が残る。その後，1964年東京オリンピックをきっかけとして「第一次ホテル建設ブーム」が起こる。

6-2-1　日本のホテル市場の起爆

　日本のホテル市場では，1964年東京オリンピックの開催に合わせて「ホテルオークラ」がオープンした。日本で最初の外資系としては「ヒルトンホテル（現，キャピタルホテル東急）」が進出した。ヒルトンホテルの委託・所有は東急が，経営はヒルトンに任せる形式であった。さらに，1970年に大阪万国博覧会が開催され，183日間の開催期間中に6,400万人の人が移動した。このようなメガイベントの開催がきっかけとなり，関西を中心に，「第二次ホテル建設ブーム」が起こる。この第二次ホテル建設ブームがきっかけとなってホテルが人々に日常空間として認識されるようになっていった。

　1970年代後半からは，私鉄各社が鉄道沿線にシティ・ホテルを建設し，順調に需給両面で右肩上がりの成長曲線を描いてきた。その背景には，日本の経済成長による日本とのビジネスのために訪日するビジネスバイヤーの利用や，法人利用者の急増がホテル成長の原動力となってきたことがある。

　従来の日本人にとって旅館は日常空間，ホテルは非日常空間であったが，現代人にとっては旅館の方が懐かしく思われるような逆転現象が起こっている。しだいに，ホテルは都市部を中心に，旅館は観光・温泉地を中心にうまく棲み分けられていった。都市部の旅館は衰退し，リゾート旅館が大型化，高級化されていった。

第6章　ツーリズム・ビジネス

　ホテル業界では「帝国ホテル」「ホテルニューオータニ」「ホテルオークラ」が「御三家」と呼ばれ，長く業界をリードしてきた。しかし，1990年代以降，顧客ニーズに大きな変化がみられるようになった。外資系ラグジュアリーホテルの「フォーシーズンホテル椿山荘東京」「パークハイアット東京」「ウェスティンホテル東京」が「新御三家」と呼ばれ，顧客の支持を受けるようになった。時期を同じくして「リッツカールトン大阪」も開業した。このホテルの特徴は，スモール・ラグジュアリー・ホテルとして，既存の多様なレストラン運営，宴会中心の経営から一変し，個性的レストラン運営で，差別化を図った点にある。

　その後，2000年代に入ると，世界最高クラスの価格帯のホテルブランドが進出し，"ホテル戦争"とまで呼ばれる現象を生みだした。「ザ・リッツカールトン東京」「コンラッド東京」「グランドハイアット東京」「ザ・ペニンシュラ東京」「マンダリン・オリエンタル東京」「シャングリラ東京」「東京マリオットホテル」「アンダーズ東京」といったアジアに拠点をおく最高級ホテルチェーンが続々と進出してきた。2000年以降，東京都心の再開発事業の活性化に伴い，世界的なブランド力と上質のサービスを特徴とするホテルが相次いで開業し，ラグジュアリーホテルは地方へと拡散していった。

　以上のようにホテルチェーンの普及によって宿泊サービスが世界的に標準化され，顧客の利用によって，二極化が進んだ。

　このように続々とラグジュアリーホテルがオープンした背景には，総資産10億米ドル（1,130億円当時）以上の超富裕層の存在がある。世界にはこのような「ビリオネア」と呼ばれる人々が2,043人いる[2]。また，2016年のクレディ・スイスの発表によると，1億米ドル（120億円）以上の資産を持つセミ・ビリオネアは1万7,000人いるといわれている。このようなグローバル市場で活動する超富裕層ビリオネアの消費パターンを考えると巨大都市東京に世界的名門ホテルがないことは，おかしいのではないだろうか。1960年，ホテルはわずか147軒，総室数で1万1,272室に過ぎなかったが，2016年には1万101軒，客室数は86万9,810室に増加した。再度ホテル旅館の推移をみてみよう。

図表6－2　ホテルと旅館の客室数の比較

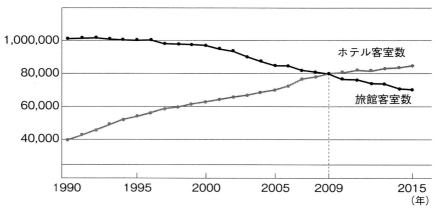

出典：厚生労働省「衛生行政報告例」に基づき筆者作成

　旅館の軒数は，1980年の8万3,226軒をピークに，2014年には4万1,899軒にまで減少し，ピーク時に比べ約半分近くになっている。旅館は日本の伝統的文化が凝縮された空間であり，観光資源としての機能を果たしている。

　日本の宿泊産業をめぐる環境は，JNTOによると[3]，2017年度訪日外国人旅行者は2,869万人を突破し，ますますインバウンドに対する期待が高まっている。しかし，その一方で，宿泊施設が不足するといった事態も浮上している。2017年度全体宿泊施設の稼働率は約60％を超え，シティ・ホテルは約80％であるが，旅館は38％にとどまっており，まだ受け入れる余裕がある。宿泊施設不足問題の解決策の一案として，地方観光への誘導と旅館施設の積極的な活用が試される。

6-2-2　宿泊施設の類型と呼称

　旅館とは，旅館業法に基づいて分類される。同法は，昭和23年に制定され，今日の厚生労働省管轄の法律である。その目的は，公衆衛生および国民生活の向上，および善良な風俗の維持である。これによると，宿泊業の営業には都道府県知事の許可が必要であり，次の四つの営業形態に分類されている。

図表6－3 旅館とホテルの軒数と客室数の比較

年度	旅館軒数	旅館客室数	ホテル軒数	ホテル客室数
1990	75,952	1,014,765	5,374	397,346
1991	74,889	1,015,959	5,837	422,211
1992	73,899	1,018,221	6,231	452,625
1993	73,033	1,010,702	6,633	485,658
1994	72,325	1,004,790	6,923	515,207
1995	71,556	1,002,652	7,174	537,401
1996	70,393	1,002,024	7,412	556,748
1997	68,982	982,228	7,769	582,564
1998	67,891	978,575	7,944	595,839
1999	66,766	974,036	8,110	612,581
2000	64,831	967,645	8,220	622,175
2001	63,388	949,959	8,363	637,850
2002	61,583	934,377	8,518	649,220
2003	59,754	898,407	8,686	664,460
2004	58,003	870,851	8,811	681,025
2005	55,567	850,071	8,990	698,378
2006	54,070	843,193	9,165	721,903
2007	52,259	821,870	9,427	765,482
2008	50,846	807,697	9,603	780,505
2009	48,966	791,907	9,688	798,070
2010	46,906	764,316	9,629	802,060
2011	46,196	761,498	9,863	814,355
2012	44,744	740,977	9,796	814,984
2013	43,363	735,271	9,809	827,211
2014	41,899	710,019	9,879	834,588
2015	40,661	701,656	9,967	846,332
2016	39,486	691,962	10,101	869,810

出典：厚生労働省「衛生行政報告例」(生活衛生関係)に基づき筆者作成

① ホテル営業……洋式の構造と設備を主とする施設を設け，人を宿泊させる営業をいい，1室当たり9平方メートル以上の客室を10室以上持っていなければならない。

② 旅館営業……和式の構造と設備を設けて，人を宿泊させる営業をいい，

和式の構造・設備による1室7平方メートル以上の客室を5室以上持っていなければならない。

③ 簡易宿所営業……多人数で共用する構造と宿泊設備を設け，人を宿泊させる営業をいう。

④ 下宿営業……施設を設け，1ヶ月以上の期間を単位とする宿泊料を受けて，人を宿泊させる営業をする。

また，それぞれ細かい基準が別に設けられている。本書で取り上げている旅館は，旅館営業に該当する宿泊施設を対象としている。

旅館とホテルを区別する法的基準はあるが，実際は曖昧である。

6-2-3　旅館業とホテルのトレードオフ

ホテルと旅館のサービスや経営方式は異なる。現在までのいくつかの文献によってホテルと旅館は図表6－4のように建築様式，客室のタイプ，サービス中心，浴室形態，宴会，食事提供，部屋，料理，経営スタイルなどによって区分される。

接客サービスは，ホテルでは，男性総支配人が中心となってサービスを設計している。一方，旅館の場合には女性従業員（仲居）と女将が中心となって行われる。ホテルと旅館には，サービス提供が男性中心なのか，女性中心であるかによって差がみられる。経営者やサービスリーダーも旅館の場合には常住する場合が多いが，ホテルの場合には少ないと想定される。アメリカのホテルのGMに関する先行研究からも全体の462人のうち，施設内に住み込む総支配人は12人しかいなかった。旅館の方が館内のトラブルや事故に素早く対応できる体制を作っている。実際に，多数の女将さんは夜中に起こった顧客の急病，仲居とのトラブル，館内サービスへの不満に直接対応し，素早く意思決定していることがわかる。サービス研究においてはなにか問題に対して迅速な対応（サービスリカバリ・危機管理）がより高い顧客満足度につながる研究成果も多く，その面では確実に女将の役割は危機管理者といえる。

サービスの象徴的存在である女将と総支配人を比較してみると，女将はフロ

図表6-4　顧客の視点からみたホテルと和風旅館の比較

	ホテル（洋風）	伝統旅館（和風）
建築様式／外観	欧米式	伝統的な日本の建築様式（維持するにも手間とコストがかかる）
料金	1客室料金	1泊2食付き（料金の設定が曖昧，1人当たりの料金が一般的）
客室	ベッド中心に洋式スタイル	日本伝統のたたみ（座敷）が多い
人的サービス	接客の人は，男性中心的なサービス（洋服） 接客場所：フロント，レストランが中心	接客の人はキモノ（伝統的日本衣装）を着用した女将と女性従業員（仲居）中心のサービス 接客場所：フロント（お茶サービス），客室（部屋出し），宴会場
サービス提供のスタイル	チェックイン，チェックアウト，食事提供（レストラン，ルームサービス）など顧客の意思によりサービスを提供する。従業員が分業化されている	チェックインからチェックアウトまで1人の女性従業員（仲居）が担当する場合が多い。チェックインからチェックアウトまで決まったサービスが行われる場合が多い
浴室形態	客室の中の浴室	大衆（共用）風呂，露天風呂
食事提供	レストラン	夕食：客室または，個室食（1泊2食を含む料金として設定されている）
部屋の収容人数	1室1人用，2人用，3人用が基本	1室2人が基本で，4～5人も受容可能
料理	顧客が選択	どのような料理がでるのか不明確
経営者・サービス責任者	滞在しない場合が多い 総支配人は，バックステージでの仕事が多い	常住が多い 女将がフロントで接客する場合が多い

出典：姜聖淑（2013）：『実践から学ぶ女将のおもてなし経営』，中央経済社，p.19

ントで直接接客を行い，総支配人はバックヤードでいろいろ指示をしている。女将と総支配人は担当する仕事のポジションが異なるのではないか。

　日本の宿泊産業は，欧米のホテル産業のノウハウを吸収しながら，和式の

第Ⅱ部　ツーリストの行動と，ツーリズムを支えるビジネス

「旅館」，洋式の「ホテル」という二極化の形を維持しながら発展してきたとしている。都市にはホテルが，観光地には旅館がうまく棲み分けしている。

　旅行市場動向調査を総括してみると，今後とも「団体旅行」に下げ止まる兆しはみえない。「職場」「サークル・親睦」「招待・報奨」「教育」は今後元気があるとはいいにくい状況である。団体客を中心においていた大型旅館のビジネスモデルの変更が求められている。さらに顧客の旅離れも深刻であるが，顧客が足を運んでくれないと成り立たない旅館ビジネスにはさらに厳しい状況が続きそうだ。特化型ホテルの稼働率にも影響され，さらなる競争の激化を招いて，旅館ホテル業者を取り巻く環境は厳しさを増している。

　2017年度訪日外国人旅行者は2,869万人を突破し，ますますインバウンドに対する期待が高まっている。しかしその一方で，宿泊施設が不足するといった事態も浮上している。その不足理由としては，観光客が特定の都道府県に集中するため，最も客室不足の恐れがあるのは，大阪や東京の大都市に集中している。2017年度全体宿泊施設の稼働率は約60％を超え，シティ・ホテルは約80％であるが，旅館は38％にとどまっており，地方，特に旅館の稼働率から考えると，充分受け入れる余裕がある。2020年のオリンピックの前に宿泊施設不足の対策とホテル建設ブームはすでに始まった。宿泊施設不足問題の解決策の一案として，地方観光への誘導と旅館施設の積極的な活用が試される。しかし，旅館受難の時代が終わる兆しは今のところみえないようだ。

6-3　宿泊ビジネスの特性

　一般的に，宿泊ビジネスはサービスビジネスの特性と同様である。

　サービスビジネスに対する研究は古典的な対人サービスの研究としては，サービス・マーケティング分野から発展してきた。また，一般的にいわれるサービスの四つの特性については，1950年代から議論され，Rathmell（1966）は，サービスとは，人間の行為であり，演技であり，なにかを成し遂げようとする努力であると定義している。このようなサービスの定義と同時にサービス

の特性というものが出てくる。モノと異なるサービスの特性を比較するために整理したものである。1960年代に提唱されたものであり、四つの特性となっている。この四つの特性は、一つの要素も増えることなく今日でも使われている。ただし、四つの特性である無形性、同時性、異質性、消滅性の内容は産業の発展とともに相当変化してきている。

(1) 無形性 (Invisibility)
　宿泊サービスは遂行されるものである。顧客は形がないサービス財を購入前からみることも触れることもできない。よく考えると、無形性には二つの意味がある。まず、みえない、触れないという客観的意味である。また、みえない・触れないのでそのサービスがどのようなものなのか想像するのが難しいという主観的意味もある。サービスは利用されなければ価値を生まない。したがって、目にみえない特性からサービスを購入する顧客はモノを購入する顧客より購入することに高いリスクを感じることになる。一泊の経験をし、人々の記憶に存在するものであり、買った宿泊サービスは残らない。
　こうした特性から企業はみえないところを顧客に可視化できるような情報を発信したりしている。例えば、ホテル名はブランドであり、世界チェーンはどこでも同質のクオリティを保証すると信頼される。旅館の場合には、老舗（伝統）、クチコミ活動を積極的に活用したり、お客様への細やかなサービスを通した顧客管理、常連客の維持などによってブランド化されている。

(2) 非分離性＝同時性 (Inseparability=Simultaneity)
　宿泊ビジネスの場合は顧客が予約する行為から既にサービスが始まるといわれている。実際に、宿泊し、チェックアウトした時点でサービスは終了する。その間、全てのプロセスにおいてサービス提供者と宿泊客は関与し、互いのやり取りの中でサービスが生産され消費される。
　モノ商品の場合には、商品が生産されてから販売されるまでは物理的にも時間的にも離れているため購入者は直接接点を必要としない。一方、サービスは、

非常に難しいところがある。このような特性から,サービスとサービス提供者が一体とみられる。サービスは製品のような品質統制は難しい。非分離性＝同時性（Inseparability=Simultaneity）によるさまざまな問題を解決するために顧客と接客する従業員を慎重に選抜し徹底的教育訓練を実施すべきである。また,顧客管理の重要性を忘れず,顧客が快適にサービスを受けられるようにサービス施設の立地条件を多様に提供すべきである。最近は,SNSを駆使する宿も多い。

（3）異質性（Heterogeneity）

サービスを提供する従業員,物理的環境,提供時間などによってサービス品質は変化する。常に,異なる顧客が,異なる接客従業員によって,異なる時期にサービスを受けている。継続的に優れたサービスを提供することは,簡単ではない。なぜなら,サービスは,人間の行動,特に顧客とサービス提供者の相互作用に大いに依存しているからである。サービスの異質性は,問題と機会を同時に提供する。サービスの質の均一化は難しいので,企業はどのようにサービス水準を維持するか,または,標準化させるかが課題である。反面,サービスの異質性は,顧客個別化（customization）の機会を提供する。普通のサービスの効用は消費者の主観によって評価される場合が多く,提供されたサービスの個別化を通じて多様な顧客の欲求に対応できる。

（4）消滅性（Perishability）

ホテル旅館の客室は,売れ残った客室を在庫することができない。モノは一定の生産力を持ったまま変動する需要を在庫により吸収することができる。需要の少ない時期に生産した商品を在庫としてとっておくことで,需要があるときに販売を可能にし,生産と販売のギャップを埋めることができる。このようなサービス消滅性（Perishability）として過剰生産による損と過少生産による利益機会の喪失という問題が生じる。したがって,このような問題を解決するために需要と供給を調和させる戦略が必要となる。需要局面でも需要を形成さ

せ，待機や予約のような形態として需要を在庫化する。例えば，事前予約，季節，平日なのか週末なのかによる客室料金の変動などもこのようなサービス特性から起きる問題を解決しようとした例である。

　以上述べてきた一般的なサービスの特性をまとめると，サービスとは，形がないものを在庫することなく，その時々により異なる環境のもとで，異なる人（サービス提供者）により異なる要望を持つ顧客に提供するものである。また，一般的なサービスに加え，旅館サービスにおける特性をもう少し詳細にみると，宿泊産業は他産業と異なる固有の経営的な特性を持っている。旅館サービスも同様である。

　商品や営業面では，「売るものに制限がある（量的制約）」「商品のストックができない（時間的制約）」「立地条件に左右される（場所的制約）」，運営・労働面では「労働集約型の業種である」「公共的な性格が強い」「安全やプライバシー・衛生が重視される」，資本・財務面では「資本の固定化が高い」「資本回転率が低い」といった特性がある。つまり，ある特定の場所において，ある時間内に，限られた量の商品を販売することによってホテル・旅館業は成立している。

6-4　宿泊ビジネスの分類

　宿泊施設を分類する基準は，一般に，①立地（都市型，リゾート型，ターミナル型等），②機能（多機能，単機能等），③宿泊期間（短期滞在用か長期滞在用か等），④経営形態（公営か民営か等）等が用いられ，それぞれにさらに詳細な分類の基準が存在する。さらに，一泊の客室料金による分類がある。図表6-5のように，客室料金によって，五つに分けることができる（鈴木・大庭，1999）。

　民営の宿泊施設の一般呼称も多岐にわたり，シティ・ホテル，ビジネス・ホテル，リゾート・ホテル，観光ホテル，観光旅館，割烹旅館などから，ペン

図表6－5　ホテルの分類（客室料金基準）

ラグジュアリー	高級価格帯	価格に比例して，設備，サービスともに充実した最高級ホテル
アップスケール	上級価格帯	高級感がありながら，サービス機能やスタッフは配慮の面で効率化を進めた多機能型ホテル
ミッドプライス	中間価格帯	世界のホテルの中でも量的に多いホテル。利用層が幅広く，ファミリーやビジネス客の利用も多い
エコノミー	普通価格帯	価格が手頃な単機能型ホテル
バジェット	格安価格帯	低価格ホテル，建築費や運営コストを絞り込んで，スタッフを最小限に抑えている

出典：鈴木・大庭（1999）：『基本ホテル経営教本』，柴田書店に基づいて筆者作成

ション，民宿，宿坊，スキーロッジやキャンプ場のバンガロー等も宿泊施設と考えられる。

6-4-1　ホテル経営のポイント

実際に，宿泊産業の経営環境は，競争が激しさを増している。その競争から生き残るためには，顧客に選ばれるための商品力，持続的サービス，高い顧客満足が必要不可欠である。しかし，ホテル経営をめぐる環境は激しく変化している。その変化についていくつか述べてみる。

（1）システムの自動化

チェックインからチェックアウトまで全システムの自動化。客室在庫，収益率管理，顧客ポートフォリオ，ホテル資産管理など，ホテル経営の意思決定をデータベースに依存するコンピュータの判断に委ねる。その経営の一つがレベニューマネジメントである。レベニューマネジメントとは，収益の増加を最大にするために，ミクロマーケットレベルでの消費行動を予測し，商品を需要に応じて最適な価格で提供できるようコントロールするマネジメント手法である。航空会社，ホテルなどでは利用されている。

第6章 ツーリズム・ビジネス

（2）ホテルの収入構造の問題

飯嶋（2001）は、日本のホテルの収入割合が典型的に宿泊部門3割、レストラン部門3割、宴会部門3割の構成である点に疑問を持ち、アメリカの収入割合と比較し、日本のホテルの収益モデルについて述べた。

図表6-6　宿泊部門の利益率

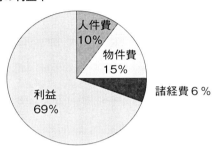

出典：飯嶋好彦（2001）：『サービス・マネジメント研究』、文眞堂に基づいて筆者作成

上記の通り、利益率が高い宿泊部門では、一般的に利益が65～75％得られるが、レストラン部門は15～20％、宴会は25～35％の利益が得られる。アメリカのホテルのように客室を中心に経営すべきである。日本のホテル業界においては、さまざまな歴史と経済状況の変化の中で多様なホテルの形を創り上げている。現在、「宿泊特化型ホテル」が業界の中で台頭し、スーパーホテル、東横イン、アパホテルなど、宿泊に特化したホテルの人気が高い。今後、大規模ホテル（ラグジュアリーホテル）と宿泊特化型ホテルの二極化が進んでいる。

6-4-2　ホテル経営の展開方式

（1）所有直営方式

土地建物とも自社で所有し直接経営・運営する方式である。十分な経営資源が必要である。最近、所有直営方式のホテルは減少傾向にある。主に鉄道グループ、エアライン系が多い。

（2）マネジメント・コントラクト方式

　土地建物のオーナー会社が経営，外部の運営はホテル会社が行う。業務受託契約を締結しホテル運営を委託する方式。売上に応じて委託料をホテル会社に支払う（マネジメント・フィー）。ホテル運営会社はスタッフとノウハウを提供する。外資系ホテルブランドに多くみられる。

（3）フランチャイズ方式

　全ての資産，収入，支出が所有者に帰属し，ホテル会社のブランドを使用し，宣伝・販促・運営マニュアルの指導を受けてホテルを運営する。ホテル会社は加盟時にフランチャイズ・フィーを払うほか，売上の一定量をホテルチェーン本部に支払う。

（4）リース方式

　土地建物を持つオーナーからホテル会社が賃借してホテルを運営する方式である。ホテルがオーナーに賃借料を支払う。保険会社，不動産会社が多い。

6-5　新しい動き，シェアリングビジネスAirbnb

　最近では，1年間の週ごとに分割し1週間単位でリゾート施設を長期間利用できる権利を販売する「タイム・シェアリング・リゾート」と呼ばれる事業や，敷金や礼金の必要ない「ウィークリーマンション」等も一般化してきており，これらに関しては，旧来から貸し別荘や貸しリゾート・マンションなどとともに不動産業と宿泊業の中間的な存在としての宿泊施設としてとらえる必要がある。最も話題になっているのが民泊である。都市部の宿泊施設の不足に伴い，2018年6月，民泊新法が施行され，宿泊産業全体が大きな転換期を迎えるようになった。加えて，政府は旅館業法を見直して一部を改正する。民泊への関心の増加に伴い，簡易宿所が伸びている状況であり，2014年の2万6,349軒から2016年には2万9,559軒へと伸びていることがわかる。

図表6－7　訪日客22％増，宿泊客9％増，この差

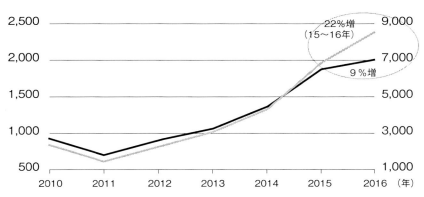

注：訪日外国人客数は日本政府観光局（JNTO）調べ。
　　外国人延べ宿泊者数は観光庁調べ。延べ宿泊者数は，1人が「2泊」「3泊」した場合は「2人」「3人」と数える。
出典：観光庁「宿泊旅行統計調査」に基づいて筆者作成

　最近，あるホテル業界の研究会で2015年を起点として，訪日外国人の増加にもかかわらずその伸び率が緩やかなのはなぜなのかに疑問の声があがった。訪日外国人客数の増加とともに延べ宿泊者数統計に乖離が生じた。なぜなのか？近鉄都ホテルズの経営企画部の酢谷卓也氏によれば，その原因としては，いくつか考えられるが，LCC（Low Cost Carrier，激安航空会社）の増加により，深夜着便なども増え，航空泊にする観光客や夜行バスで移動する訪日外国人も増えた。また，クルーズ船で大量観光客が来日するが，彼らは宿泊時には船に戻るのでホテルを利用しない。最も大きな理由は民泊やAirbnbを利用する宿泊者が増えたこと，多いという現象ではないかという指摘があった。

　世界的なシェアリングビジネスとしてAirbnbが宿泊産業に新しいビジネスモデルとして出現した。2008年創業したAirbnbはC2C型マッチングプラットフォームモデルとして，宿泊部屋を探している旅行者（ゲスト）に訪問先の空き部屋などを提供するオーナー（ホスト）をつなぐサイトである。部屋として

使われるのが，一軒家，アパートの空き部屋，ツリーハウス，城，島など，ユニークな宿泊施設も提供。実際に泊まる旅行者からはその地域・都市の人々の生活を体験することもできるといわれる。予約が成立すると料金＋手数料（宿泊料金の6〜12％）をAirbnbに支払う。その後，宿泊サービスが終了するとゲスト（宿泊客）とホスト（部屋の主人）が互いに評価を行い，Airbnbから部屋のオーナーに3％の手数料を引いて返すビジネスモデルとなっている。

現在，民泊仲介サイトの中でもAirbnbの利用者数が突出しており，月間約70万人がサイトを訪問している。

民泊ホストを主要ターゲットとする民泊情報メディアの訪問者数も増加傾向である。民泊とは，既存の旅館業の適用をうけない個人あるいは法人が，保有する自宅やマンションの一部を旅行者や観光客などに貸し出すことである。日本には1万3,000軒以上が存在するといわれる。民泊のシステムをグローバル展開しているAirbnbは，世界190ヶ国，3万4,000以上の都市を舞台として，人と人をつなぎ，ユニークな旅行体験を叶えるシェアリングビジネスを行っている。今後，このようなビジネスがますます増加するのではないだろうか。

■注
1）山口祐司（2012）：「海外ホテルの歴史」，東京経営短期大学紀要第20巻，19-33
2）米国フォーブス誌の2017年の発表による。
3）JNTO（2018）統計データ・訪日外客数（https://www.jnto.go.jp/jpn/statistics/since2003_tourists.pdf，2018年5月25日閲覧）

【参考文献】
飯嶋好彦（2001）：『サービス・マネジメント研究』，文眞堂
Rathmell J. M.（1966）：What is meant by services? *Journal of Marketing,* Vol.30（4），32-36
鈴木博・大庭祺一郎（1999）：『基本ホテル経営教本』，柴田書店

第7章

日本から世界へ,おもてなし文化を競争力として

　昨今,訪日外国人の急増による経済効果の増大や,宿泊施設が不足するなどの現象が起きている。宿泊需要増加という環境への対応も必要である。一方,地方の旅館にもその現象が起きているのか？　残念ながら訪日外国人ゴールデンルートと呼ばれる特定のルートに集中している。

　政府は「観光立国実現に向けたアクション・プログラム2015」において,宿泊施設不足への対応として,受け入れにまだ余力のある旅館や地方への誘客強化をあげている。観光客の集中の度合いと旅館側の対応の現状など,双方に課題が多くみられる。まず,訪日外国人の半数近くが,都市部である東京と大阪に集中している。宿泊施設は都市部ではホテル,温泉地や地方では旅館と棲み分けている。訪日外国人が増加するにつれて,リピーターの数も着実に増加している。リピーター客は地方への訪問率が相対的に高い。日本政策投資銀行 (DBJ, 2015)[1] の調査によると,アジア8地域で訪日経験者を対象に1〜2回,3〜5回,6回以上の観光客に対するアンケート調査を実施した結果,最も希望が多いのは,温泉を楽しむことや自然観光地を訪れることであり,他にも郷土料理や日本の歴史的な街並み,日本旅館などに対する関心の高さが明らかになった。当分の間は初めての客が中心となりそうであるので,大都市を中心に宿泊施設の不足が,続きそうである。

第Ⅱ部　ツーリストの行動と，ツーリズムを支えるビジネス

図表7－1　地方観光地を訪れてしたいこと

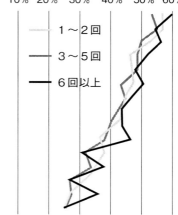

出典：DBJ（2015）：「アジア8地域・訪日外国人旅行者の意向調査」

7-1　訪日外国人の消費額の内訳

　日本の宿泊産業をめぐる環境は，JNTOによると，2017年度訪日外国人旅行者は2,869万人を突破し，ますますインバウンドに対する期待が高まっている。しかしその一方で，宿泊施設が不足するといった事態も浮上している。その理由としては，観光客が特定の都道府県に集中するためであり，最も客室不足の恐れがある地域は，大阪や東京などの大都市に集中している。2017年度の宿泊施設全体の稼働率は約60％を超えている。内訳をみると，シティ・ホテルの稼働率は約80％であるが，旅館は38％にとどまっている。特に地方の旅館の稼働率からすると，充分受け入れる余裕があるようにみえる。2020年のオリンピックを前に宿泊不足対策とホテル建設ブームはすでに始まっている。宿泊施設不足問題の解決策の一案として，地方観光への誘導と旅館施設の積極的な活用が試される。しかし，2017年度「訪日外国人消費動向調査」の発表によると，日

本旅行中，最もやってみたい，もう一度やりたい観光行動に温泉体験は含まれているものの，「日本旅館に泊まりたい」および「次回日本を訪れた時にしたい」行動には含まれていない。最も回答（複数回答）が多いのは「日本食を食べること」が95.8％，次いで「ショッピング」85.1％，「繁華街の街歩き」74.4％，「自然・景勝地観光」65.5％，「日本の酒を飲むこと」45.2％，「温泉入浴」33.9％の順になっている。「旅館に宿泊」は29.2％で平成22年の報告書では52.5％あったが，なかなか厳しい数値である。そこで日本人向けの旅館サービスが，どうすればグローバル化に対応できるのかが課題となる。つまり，より高度な異文化理解の重要性を認識し，相手を不愉快にさせない接客態度と配慮を持った日本的接客サービスをいかにして科学するのかが求められる（小林ら，2014）[2]。旅館サービスにおいて顧客満足を通じて競争優位に立つためには顧客との接点であるサービス提供者に対する信頼や評価が重要である。今まで，質が高いといわれてきた旅館サービスは，顧客の観察および顧客とのコミュニケーションから得られる顧客情報を選択的に利用し，判断し，行動する。すなわち顧客情報をインテリジェンス化することでサービス価値を高める行為が老舗旅館を中心とした接客サービスにみられる（姜，2013）[3]。インテリジェンス化について簡単に説明すると，情報はインフォメーション（information）とインテリジェンス（intelligence）に分けることができる。日置（1993）[4]は，P（phisical）情報とS（semantic）情報に分け，P情報の内容についてはなんらの判断も行わない情報概念であるのに対して，S情報は情報内容についての意味的な判断を含む概念であると説明している。

小谷（2012）[5]は，インフォメーションを「我々の身の回りに常に存在するデータや生情報の類」，インテリジェンスを「何らかの判断や評価が加えられた情報」と区別した。例えば，「目の前の男性が眉間にしわを寄せ，眉をつり上げている」という「現象の観察結果」がインフォメーションであり，その観察結果をもとに誰かが下す「目の前の男性は，苛々している」という解釈（判断）がインテリジェンスである。インフォメーションとインテリジェンスは，そこに主観的な評価が混入するかしないかによって区別される。

そこで，日本の接客現場における内容を具体化すると，顧客の細かな行動や態度から顧客欲求を推察し，サービスに対する顧客の理解力や適切な間を読みながら，その顧客に応じた質の高いサービスを提供することになる。このような日本的接客サービスの背景には日本人の価値観，あるいは日本固有の文化が存在している。例えば，福島（2018）は，旅館の接客係が顧客に夕食の希望時間を聞く場合，技能的下位に位置する新人接客係は決められた夕食の時間を知らせ，顧客に直接尋ねるが，熟練接客係は顧客の腹具合などを汲み取りつつ，担当客室の夕食時間が重なったり，厨房の処理能力が超過したりしないよう時間を決めていくと説明している。以上のような特徴を持つ旅館をめぐる外部環境も既存の自国民中心からインバウンドにも対応せざるをえない時代変化にさらされている。本章では，インバウンドに限定せず，本来の旅館の接客サービスを対象として，接客従業員の接客業務能力を分析することによって体系的管理と人材開発にも知見を与えるものである。

　ここで，直近の2013年から2017年までの訪日外国人の消費額の内訳をみると，図表７−２のように，2015年の買物代の割合が41.8％に増加した。また，訪日外国人国別データをみると，中国（303万人），韓国（248万人），台湾（261万人）となっており，アジア地域が桁違いに多い。アジアからの訪日外国人の短期的観光行動を勘案し，今後は持続的な訪問を促す長期的関係づくりをどのようにすべきかといった政策も必要となる。

　宿泊サービスは複雑性と差別化水準が高く顧客との関係をどのように形成するのかによりその成果が異なる。特に訪日外国人の地方誘導への関心から，既存の旅館経営の特性と課題を述べると，旅館の魅力としては，人的サービスよりも温泉や和モダンの建築様式などのハード的な側面が支持されてきたが，そのハード的な側面への関心の高さが画一化や，施設維持コスト増加といった問題を生み，採算悪化につながる。その解決案としては，地域の食文化への志向性など地域の魅力強化，地域単位での客室と食事の相乗効果，個々の旅館の温泉施設の開放，地域の温泉文化などの固有価値の見直しなどがあげられる。また，旅行が団体から個人へと移行し，観光客が情報を収集する主な媒体として

第7章 日本から世界へ，おもてなし文化を競争力として

図表7−2 訪日外国人の消費額の内訳

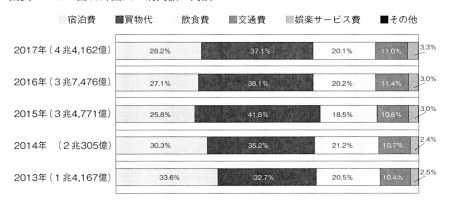

出典：観光庁「訪日外国人の消費動向」年次報告書から筆者作成

はインターネット予約サイトが多い。このため，より多様な価格設定がされ，旅館の料金体系は複雑になりつつある。一方，20室前後の伝統旅館の場合，最近ヒアリング調査を実施した旅館の女将によると，顧客と旅館のミスマッチは減ったと述べている。旅館のホームページなどからイメージしやすくなったため，顧客の期待が外れることがなくなった。さらに，人的サービスの側面においても変化が求められる。日本人向けのサービスからグローバル化に対応したサービスへの変化が課題となる。より異文化理解が求められ，相手を不愉快にさせない接客態度と配慮のある日本式サービス，言い換えれば，おもてなしを広めていくことが求められる。

7-2 世界観光競争力ランキング

2015年世界経済フォーラムで，観光分野における国際競争力ランキングが公表された。ランキングの中で日本はアジアで初めて9位に入り，高く評価された。観光と関連14分野の14分類と約100の評価指標を用いて行われるが，最も高く評価されているのは，人材分野（Human Resources and Labor Market）

127

で「顧客対応」が1位の評価を得た。また，地上・水上交通インフラ（Ground and Port Infrastructure）分野の「鉄道インフラ」も世界でトップにランクされた。日本のおもてなしが付加価値として世界的にも高い評価を得ていることがわかる。また，これ以降，国外での雑誌や新聞に日本伝統旅館の女将の接客サービスやサービス精神に注目する記事を目にする機会が増えた。日本のサービスは，コアサービス（本来の業務と直接関係し，それが提供されないと成り立たない。旅館サービスは一般的に1泊2食なので，快適な寝る部屋と2回の食事がコアサービスに該当する）だけでなく，サブサービス（コアサービスに付随する副次的サービス，しかし顧客にとってはサービス評価を決めることになり，重要性は高くなる。旅館サービスの場合には接客従業員の態度，サービス対応，迅速性などが該当する）を充実させ，顧客満足につなげ，さらに顧客との長期的関係性を構築してきた。その典型的なサービスとして旅館の女将のサービス行動がしばしばメディアに取り上げられる。今後，接遇における日本式サービスの典型ともいわれるおもてなしが，ビジネスの場面においてどのように行われ，伝承されていくのか。また，日本人を相手に提供してきたサービスのリテラシーがグローバルに通用するのかという問題に帰着する。

　宿泊サービスは，人の基本的な衣食住に関わる"家"という概念をビジネス化したものである。人の移動が自由ではなかった時代には，旅人を助け，安全で寛げる場所を提供するという役割を果たしたが，20世紀に入り，マスツーリズム時代の到来に伴い，旅人を喜ばせる，満足させるといったビジネス的側面が強調されてきた。観光客を満足させるためには，どうすればいいのか。観光客のニーズをより深読みする，異文化理解などが重要になる。日本旅館は，建物の機能よりはそのしつらえの中での人の行為が付加価値をつけてきた。日本人を対象とした伝統旅館サービスがどの程度訪日外国人に受け入れられるのかが課題となる。

　観光客が旅先で出合う生活文化はインパクトが大きい。観光客は自分たちとは異なるなにかを体験し，それによって自己の本来性を回復する。その意味か

らも日本旅館が持つポテンシャルは大きい。山内（2015）[6]によれば，人は自らの文化とは異なる文化に触れることで非日常の世界に浸ることができる。異文化というものはなにか神秘的な感覚を持っている。この神秘性は，自国の文化ではない異質性と，自分の尺度では解釈しきれない余地から生まれる。そもそも文化とは，その地域に住んでいる人には当たり前になっている日常的行動の様式や認知パターンである。非日常とは，その文化が身についていない人と関わることであると指摘した。最近，旅館文化という言葉をメディアでも頻繁にみかけるが，これは日本人でも旅館文化の経験が不足していることの表れかもしれない。現在，日本旅館は単なる宿泊サービスを超え，日本の昔ながらの生活文化を体験できる"場"として捉えられた，価値ある空間となっている。

　本章では，インバウンド時代に向かっている日本ツーリズムマーケットにおいて伝統的な宿泊施設のあり方について考察することを目的とする。文化産業の拡張概念として浮上してきたクリエイティブツーリズムの概念から伝統的宿泊施設が観光交流人口の増加とともに，観光行動の多様性が求められたとき，さらに振興させるためにはさらなる価値を付与する策を考える必要がある。訪日外国人にとって訪れる国の生活文化，ローカル文化は神秘的で観光対象になりうることが，今後，日本の旅館と韓国の伝統宿泊施設が国際観光においても付加価値となるのではないだろうか。今後の活性化策を探るための研究である。

7-3　ハイコンテクスト文化とローコンテクスト文化

　アメリカの文化人類学者であるエドワード・ホール（Edward T. Hall）が唱えた「ハイコンテクスト文化とローコンテクスト文化」という識別法がある。「コンテクスト（context）」とはコミュニケーションの基礎である言語の共通の知識，体験，価値観，ロジック，嗜好性のことを指すが，言葉や文章などの「前後関係」「背景知識」「文脈」，あるいはそれに関わる解釈や意味づけのための情報である。

　ハイコンテクスト文化とはコンテクストの共有性が高い文化のことで，伝え

る努力やスキルがなくても，お互いが空気を読み合う文化で，なんとなく通じてしまう環境のことである。「行間」「裏」，または，「真意」を読む必要性が大きいものである（原，2014）。一方，ローコンテクスト文化ではいいたいことを論理的に伝え合う。

図表7－3　各国のコミュニケーションスタイルの違い

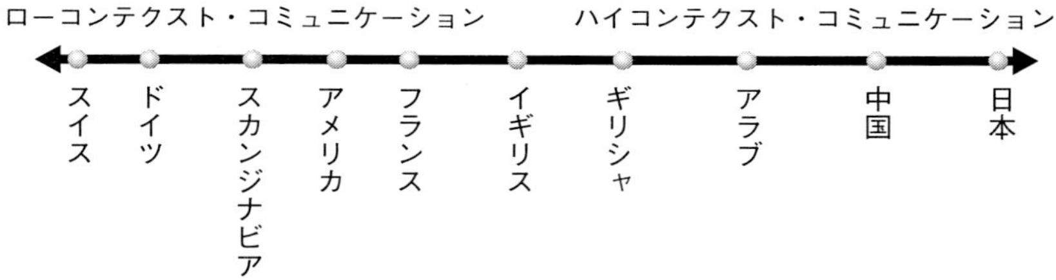

ローコンテクスト・コミュニケーション　　　　　　ハイコンテクスト・コミュニケーション

スイス　ドイツ　スカンジナビア　アメリカ　フランス　イギリス　ギリシャ　アラブ　中国　日本

出典：エドワード・ホール（1976）：*Beyond Culture*に基づき筆者作成

7-4　サービス潜在力と日本的特性，おもてなし

　最近の日本旅館では，どのようにすれば提供するサービス行為が価値あるものになるのかが大きな課題となっている。旅館サービスの本質は，衣食住に関わる生活文化をビジネス化したことであり，旅館というしつらえの中で人の行為として，おもてなしが存在する。提供するサービスそのものは顧客の価値観によって評価が異なるが，おもてなしは顧客のニーズの半歩先を読み，行動することだけではなく，伝統や文化，風習などが複雑に絡み合った日本の本質をみせる行為でもある。

　日本のおもてなしには，日本特有のサービス文化が含まれている。一般的には提供側の態度の問題，心を込める，かゆいところに手が届くより掻いてくれたところが考えてみればかゆいところであったというのが究極のサービスともいえるなど，上質なサービスは確かに気持ちが良いくらい無駄なく綺麗だ。このような個人的な感情も入り，習慣的，主観的に評価されるおもてなしを可視

第7章　日本から世界へ，おもてなし文化を競争力として

化し，一般化することは可能なのか。常に誰がお客のかゆいところに気が付くのかが課題となる（姜，2013）。

日置は，おもてなしとは，「…以て…を為す」というテンプレートであると述べた。「…を」はテンプレートを臨機応変にその場その場で使いこなしていくことである。小林らは，このテンプレートはサービス提供者もお客も持っており，共有されているテンプレートを土台として生産・消費されるサービスを広く「おもてなし」といっている。

日本のサービスをコンテクストの観点から四つのサービスパターンに分類した。

図表7-4　日本的サービスの価値共創

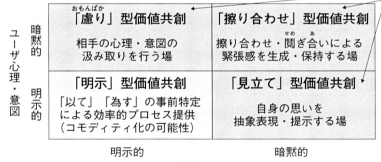

出典：小林・原・山内（2015）：「サービスの本質」，JST news p.6

「明示型価値共創」のサービスは世界中で展開しているファストフード店に代表されるタイプで，商品や種類や値段などがはっきり示されている。店員と客が共有するコンテクストはサービスが少なく，「おもてなし」の要素も少ない。一方，日本型の「おもてなし」では，客がはっきりいわなくても要望を推察することが大切になる。そうした「慮（おもんぱか）り」を，旅館や料亭の仲居などは経験的に学んでいる。この能力が活かされたサービスが「慮り型

131

価値共創」に分類される。サービス提供者が客に，ものの形や色を通して暗黙のうちに意図を思い起こさせるのが「見立て型価値共創」である。例えば茶の湯における京菓子は，色や形から季節の移ろいを表現している。江戸前鮨の職人と客の関係など，ある種の緊張感をもってやりとりをする"せめぎ合い"の中で，価値を高めていくのが「擦り合わせ型価値共創」である。

　福島（2018）は，ハイコンテクストサービスは顧客の状況あるいは接客係自身の判断によって敢えて下位の標準化されたサービスを提供することであると述べた。つまり，標準化，マニュアル化されたサービスをそのまま提供するのではなく，サービスが進化してきた過程を確認しながらその「サービスの意味」をもう一度考えることであろう。

　著者は，接客における日本型サービスの典型ともいわれる「おもてなし」は，ビジネスの場面において顧客との長期的関係性を構築してきたと考えている。すでに日本人を相手に提供してきたサービスがインバウンドの拡大に伴い，グローバルに通用するのかが課題となる。それと関連する興味深い研究もある。番野ら（2017）[7]は日本の「サービス」「おもてなし」「接客」が外国人からどのような評価を受けるのか独自の文献をもとに七つの接客次元（距離感，人的特徴，話し方，知識，臨機応変の度合い，気遣い・気配り・お世辞，失敗に対するフォローアップ）を構築し，さらに異文化論研究者Geert Hofstedeが提唱した国民文化次元の中の四つの次元（権力格差，集団主義-個人主義，女性らしさ-男性らしさ，不確実性の回避度）を用い，国ごとの受け入れ度合いに差があることを検証した。その結果を簡単に紹介すると，以下の通りである。

- 外国人226人（うち28人は無効）を対象に分析した結果，出身国の文化によって日本的サービスに対する評価が異なることを明らかにした。
- 「個人主義」のアメリカやオーストリアの人々は無理にその人との距離を縮めようとはせず，その人の気持ちを尊重する一方，「集団主義」の強い文化，台湾やインドネシアの人々には積極的にその人との距離を縮めていく接客を試みたり，「権力格差」の大きい国，例えば，マレーシアやフィリピンの人々には下手に出て丁寧な言葉遣いを心がけたりする。また，格

差が小さい国，例えば，ニュージーランドやデンマークの人々には顧客と従業員はあくまで対等であることを意識すべきである。

　ここで使われているホフステードの国民文化だが，彼は世界各国のIBM社員のデータをもとに国民文化の検証を重ねた。ホフステード（2013）は，「文化は，常に集合的な現象である。なぜなら同じ社会環境の中で生きている人々あるいは生きてきた人々は，その環境のもとで文化を学習しているので，少なくとも部分的には同じ文化を共有しているからである。文化は集合的に人間の心に組み込まれたプログラムであり，そのプログラムは集団によってあるいは人々のカテゴリーによって異なっている」と指摘する。

　訪日外国人を対象とした四つの次元を簡単に説明する。一つは「権力格差」の大小によるもので，イギリスのような権力格差が小さい国は，不平等は最小限度に抑えられる傾向にあり，権力分散の傾向が強く，組織文化は上司が意思決定を行う前に相談されることを期待する。また，「個人主義・集団主義」文化なのかは，個人主義は，個人と個人の結びつきは緩やかで，個人の利害が集団より優先する。一方，集団主義社会では，個人は結びつきの強い内集団（in-group）に統合され，集団の利害が個人の利害よりも優先する。さらに，「女性らしさ・男性らしさ」の社会では，男性らしさが高いと給与の高さ，承認，昇進などを重視する。他方で，女性らしさは上司との関係，協力，雇用の保証などを重視する。最後に「不確実性の回避」文化は，不確実な状況や未知の状況に対する脅威を感じる程度を指している。

　グローバル・ツーリズムの運営においては一つの手かがりとして異文化理解が必要ではないだろうか。

　人の行為であるおもてなしがどのように外国人に受け入れられるかを，インバウンドマーケットで試すことも可能になった。今後日本のサービスのグローバル展開を占う重要な切り口でもあり，対人サービスビジネスに革新的変化をもたらす可能性もある。

7-5　伝統生活文化の価値

　2015年の統計によると，伝統的宿泊施設である日本旅館は41,899軒（客室数は，71万19室），ホテルの数は9,879軒（客室数は83万4,588室）とホテルの軒数の４倍である。このように，日本で旅館という伝統ビジネスが宿泊施設の中で大きな割合を占めている背景には，個々の家に先代の家業を次世代へつなげるという使命感が働いているのではないか。特に老舗という何百年もの歴史を持つ伝統ビジネスは成長より持続を優先する傾向もみられる。
　そこで，旅館の女将のおもてなし行為に注目し，日本旅館にみられる長期にわたる継承の背景にある，家業としての知の継承と蓄積のプロセスに着目する。その持続性とともに，地域文化の中核的存在として女将の存在に注目する。

7-5-1　旅館女将のおもてなしをどのように捉えるのか
　女将は「旅館，料理屋などの女主人の総称」である。女将の起源は，笠谷（1999）[8]によると，中世「家」の戸締りを担当する女性であるイエトジ（家刀自）とみられている。家の運営，客をもてなすのが家刀自としての女性の役割であった。旅館は100室を超える大きな規模ではあるものの，組織として未分化であり家という概念が根強く繋がる。旅館で女将のおもてなし経営が可能なのは，家という概念が存在することで，個々の家のように経営されているからである。日本のおもてなしを実践している女将の仕事能力はいったいなになのか。女将の仕事は，フロントステージでの行動が大きくみられるが，施設ごとに主舞台は異なる。言い換えると，宿の主力商品がなにかによって，女将の活動舞台も異なる。例えば，ある旅館の女将は割烹旅館であることから料理が中心で，女将は厨房で最も長い時間を費やす。女将の仕事能力は一般的には多方面に関わる人との関係性の中で発揮される場合が多く，対人接触そのものが仕事であり，旅館のサービスの規範をみせる役割が多い。内部では仲居を見極め，現場のリーダーとして手本をみせ，共体験を通して宿のサービスの規範を

第7章　日本から世界へ，おもてなし文化を競争力として

浸透させる。

　一方では，外部の顧客の行動も見極める。たくさんの情報をデータベース化して選択的に判断する（インテリジェンス化）。その行動はしばしばサービス表現として現れ，顧客満足につながるが，女将のサービス表現は，状況によって変わるものであり，常にあると期待してはいけない。さらに，そのサービス表現が時には，サービス設計に組み込まれることもあり，その設計がサービスクオリティとして評価されるケースもある。今までは質の高いサービスを実現してきた旅館の場合は，高度なリテラシーを必要とし，客のリテラシーも高いことが前提として行われていた。日本人同士の茶道の世界でみせるやりとりは，互いのリテラシーの相互評価であり，そのプロセスがおもてなしに近い構造にあると山本（2013）[9]は述べているが，旅館ビジネスのおもてなしではそこまでには至っていない。しかし，時代の変化につれ日本人同士のやりとりも，若い人によって旅館は異文化体験の場所になりつつあり外国人向けともあまり変わりのないようにみえる。

　女将の仕事は，人間関係をなにより重視する。業務処理能力以上に人間関係の連鎖の中で人的配置をいかに巧みに行うかにあるという点は濱口（1983）[10]によるイエモト組織とも似ている部分がある。

　日本において伝統ビジネスが継承されている背景には，個々の家系においては，先代の家業を次世代につなげるという使命感と企業家精神が働き，成長より持続を優先する傾向もみえる。実際，長期的持続可能性の高さは，人材育成のサイクルの確保につながっている。

　おもてなしはビジネスの場面において顧客との長期的関係性を構築してきた。すでに日本人相手に提供してきたサービスが，グローバルにも通用するのかは課題である。今まで日本的接客サービスというトピックに対して，ここまで客観的なアプローチをとったものは少ない。外国人の特性など（文化背景）に焦点を当てた科学的アプローチを積極的に行っていくことで，より有用な発展をもたらすことができると思う。

　日本の旅館業は政府の政策との関わりよりも個人のビジネスという特性が強

い。一方，韓国は政策として伝統文化を潜在的観光資源として掘り出そうとしている。

7-5-2　韓国における伝統的宿泊施設の創造と再発見

　韓国では，最近，特定のコミュニティを中心として伝統文化の一部を観光資源化して国際・国内において生活文化体験の場として文化の再創造（再発見）の場を提供している。韓国における伝統的文化宿泊施設の見直しは，2011年に開催された大邱（Daegu）世界陸上競技大会に始まる。このメガイベントの開催にあわせて，韓国政府は，2011年，慶北（Kyungpook）地域の10ヶ所の古宅・宗家を対象に名家事業を推進した。この事業は，品位があり，品格の高い伝統家屋を伝統文化体験の場所として活用できるように国家が支援し，文化財的価値がある伝統家屋の公共性の実現を目指して実施された。事業目的は，韓屋体験を事業として提供してきた古宅（古くからある名家）・宗宅（本家）に士大夫家（代々継承してきた名家，公家）の生活文化を伝統文化体験プログラムとして商品化し，外国人観光客に古宅固有の歴史と上質の伝統生活文化を体験できる機会を提供することによって韓国固有の文化をみせることである。さらに，伝統文化を活用した地方観光の活性化も目的としている。このような動きは，2007年ごろから本格的伝統文化宿泊施設育成政策として推進されてきた。韓STYLE育成政策（2007～2011年）として，文化的価値がある韓屋，古宅，農家など韓国生活文化体験宿泊施設統合ブランドを構築しようとした。韓屋経験事業も2009年の10軒から2013年には668軒へ急増した。

　韓国は，観光コンテンツが豊富ではない環境の中，常に新しい観光対象を創出していく必要に迫られている。そうした中で，韓流ドラマのロケ地が人気を集めたりしている。2010年ソウル特別市の統計によれば，ソウル中心に位置する北村（Bukchon）韓屋マウル（町）は，訪問者数が31万8,924人で，うち外国人が31.5％を占める。さらに，韓屋マウルにある韓屋ゲストハウスに1泊以上滞在した人は4,174人（外国人が82.3％）と外国人に人気がある。旅行ガイドLonely Planetに紹介されて以降，外国人の訪問者が急増した。

第7章　日本から世界へ，おもてなし文化を競争力として

図表7－5　韓国の伝統宿泊施設数の推移

宿泊タイプ	2008年	2009年	2010年	2011年	2012年	2013年
観光ホテル	630	621	630	644	680	740
ファミリーホテル	44	53	55	58	79	87
韓国伝統ホテル	1	1	2	3	6	6
ホステル	-	-	1	6	28	75
コンドミニアム	160	164	174	182	180	192
HANOKU体験	-	10	320	444	608	668
テンプルステイ	815	838	861	893	963	1,093

出典：UNWTO（2015）："Case Studies of Traditional Cultural Accommodation the Republic of Korea, Japan and China", p.22.

韓国伝統ホテル Ragung（Ragung提供）

ホテルRagung-ロイヤルスイートルーム

　しかし，実際にインタビューするとそのビジネスの継続性は疑わしい。なぜなら，既存のホテルの運営方式とは異なる伝統宿泊施設を運営する人材が育成されていないからである。韓国の事例から，文化的宿泊施設の持続性への鍵はサービス人材育成にあるように思われる。

7-5-3　生活文化の観光資源化

　韓国の文化財庁（Cultural heritage administration）が，古宅（文化的価値がある）を文化観光の資源として活用するために積極的に支援し始め，（社）韓国古宅文化所有者協議などが発足し，全国の歴史的価値がある伝統家屋や建築様式などの基準を整備し，発掘している。さらに，現在までの古宅の3～4割が宗宅で，彼らは韓国の精神的社会において，伝統氏族社会のリーダーとし

ての役割を果たしてきた。その宗家(ジョンガ),長孫(ジョンソン)と宗家の一番上の嫁(ソンブ)には多くの義務が課される。特に奉祀孫(祖先の祭祀を受け持つ子孫)は宗家の大きな儀礼であり,宗家の料理は個々の氏族文化を受け継いでいる。

　最近,宗家の班家(バンガ,両班家=ヤンバンガ)料理を楽しもうと多くの人が宗家をめぐる観光行動をしている。韓国人として,そのルーツを探そうとする行動を通じて韓国の地方文化,食文化を体験できる貴重な空間である。

　現在,人々の観光形態は大きく変わろうとしている。既存のみる,食べる,遊ぶ観光から,する観光(体験する,交流する,共感する)を求める傾向がみられる。したがって観光商品もマス観光からFree-Plan, SIT (Special Interest Tourism) など人の行動に合わせて変化する。韓国は観光資源が豊かであるとはいい難い。したがって,国内文化遺産の資源化を考えたとき,仏教寺院(テンプルステイ)と宗家(韓屋ステイ)は最も可能性の高い,人々に魅

伝統家屋=韓屋(Hanoku)体験

筆者撮影

Jirye Artist Colony (韓屋 Hanoku体験)

筆者撮影

力を感じさせる空間であることは間違いなく，資源化すべき課題である。その資源をいかに対象化するのかが課題となっている。また，昔，人々の衣食住に関わった伝統文化空間としての韓屋（ハンオク）マウルを保存・改善する動きがクローズアップされている。その例として全州（Jeonju）の全州韓屋（ハンオク）マウルでの生活体験に価値をおくことで空間資源の対象化に成功している。

7-6　クリエイティブツーリズムの登場

　観光と文化は緊密な関係を形成している。文化に，衣食住をはじめ風俗・習慣・芸能・芸術から地域景観まで含まれると考えると，そこで暮らす人々が地域づくりや観光の主役になる。マーケティングの面では，自分たちはどんな人々にサービスを提供したいのか，受け入れ地域が来訪者を選ぶ（総合性より特化性）。

　最近，注目を集めるクリエイティブツーリズムは文化観光の拡張概念として，既存の創造都市の発展戦略の一環として扱われるようになった（Richards and Ryamond, 2000）。

　Richardsは，観光の創造的側面に関心を持つべきであるとし，UNCTAD（2008）[11]は，文化産業と観光の連携をクリエイティブエコノミックの重要要素として規定した。また，クリエイティブエコノミックが付加価値を高めるためには観光と相互作用すべきであると指摘している。

　では，クリエイティブツーリズムとはなにか。長い時間をかけて育まれ，地域固有の価値をアピールし，さらに地域コミュニティの形成が必要とされる点に注目する。クリエイティブツーリズムの一端を担う大きな軸として，日本の伝統的宿泊施設である旅館に注目すべきである。旅館は，ローカルという地域固有の環境の中，多くの地元業者との長期的関係を形成しながら，多様化する顧客ニーズに対応し，サービスを提供してきた。Raymond（2007）によれば，クリエイティブツーリズムとは，地域文化を創造的に経験し，直接体験するこ

とである。UNESCO（2006）は，ある地域での特別な魅力を体験しながら学ぶことであると定義している。さらに，Landry（2002）は都市問題について，創造的に思考し，計画，行動することを提案し，都市の文化遺産と文化的な伝統が地域住民にとっては町の歴史および過去の記憶として存在するだけでなく，グローバル化が進む環境の中，地域のアイデンティティを深め，未来への洞察力を高める力を発揮すると主張する。

図表7－6　有形観光資源から無形観光資源へシフト

世界遺産（Built heritage） ミュージアム（Museums） 記念建造物（Monuments） 海岸（Beaches） 山岳（Mountains）		イメージ（Image） アイデンティティ（Identity） ライフスタイル（Lifestyles） 物語（Narrative） 創造性（Creativity） メディア（Media）

出典：Rrchards, G. and Wilson, j.（2007）:"Tourism development Trajectories: From Culture to Creativity?", p.18. in Richards and Wilson（eds.）, Tourism, Creativity an Development, Routledge

しかし，文化観光はどこの国でも構造的に類似し，同質化が進んでいる。このような，既存の有形観光資源が中心となった文化観光が直面している将来の課題として，人々の文化経験をどのように提供するかという課題がある。その答えとしてクリエイティブツーリズムが注目を集めている。また，Lee & Kim（2014）[12]は，クリエイティブツーリズムとは，観光客の創造的潜在力を開発し，積極的に参加（経験）を誘発して，観光客に訪問地域の固有文化体験を提供する観光形態であると述べる。

日本旅館にみられる長期にわたる継承の背景にある，家業としての知の継承と蓄積のプロセスに着目する。その持続性とともに，地域文化の中核的存在として女将の存在に注目する。

その事例として，旅館の地域文化との融合を考えてみたい。

第 7 章　日本から世界へ，おもてなし文化を競争力として

　「洋々閣」は著者が調査に訪れた唐津の地域に，明治26年に創業した老舗で，唐津が石炭の積み出し港として大いに栄え始めたころから，地域の歴史や情緒的な雰囲気を守ってきた。地域の伝統工芸である唐津焼の良さを伝えるべく，館内に三つのギャラリーを設けている。現代の女将は 4 代目で宿の古さを生かして補修しながら，顧客からの「守れ」という言葉に支えられたと述べている。英語が話せる女将として，日本文化を英語で西洋の人に紹介するなど，早い時期から対外活動を積極的に展開している。

　「洋々閣」は，唐津というローカルの地域価値と旅館の組み合わせにより，新たな付加価値を創造している。その地域の価値を解釈できる女将たちは，地域のコンシェルジュとして，また付加価値を生む人材として，新たな役割を果たすべきである。

　時代の変化に直面し，厳しい時期もあったが，情報処理技術の発達によって，顧客から価値を認められるようになる。旅行会社主導からネット中心の個人客へのシフトにより，顧客満足度が高まり，地域への理解度も高まったと話す。

洋々閣の玄関（筆者撮影）

←洋々閣の木造建築と日本庭園（筆者撮影）

　観光客がなにかを体験することで消費が生まれる時代へと動いている。その次は，なにかを感じる文化消費になるのではないだろうか。

創造都市（creative city）に文化を加えることで都市を再生させたり，創造人材（creative relent）を誘引することで都市を発展させるという戦略が実施されている（Landry, 2008）[13]。

日本で旅館という伝統ビジネスが継承されている背景には，個々の家の先代の家業を次世代へつなげるという使命感が働いている。特に，老舗という百年もの歴史を持つ伝統ビジネスには，成長より持続を優先させる傾向もみられる。そこで，旅館の女将の，長年にわたって宿を維持してきた知の継承と蓄積のプロセスに着目し，その持続性とともに地域文化の中核的存在として女将の存在に注目する。

洋々閣の「隆太窯ギャラリー」（洋々閣提供）

■注

1) DBJ（2015）:「アジア8地域・訪日外国人旅行者の意向調査」（http://www.dbj.jp/pdf/investigate/etc/pdf/book1411_01.pdf）
2) 小林潔司・原良憲・山内裕（2014）:『日本型クリエイティブ・サービスの時代：「おもてなし」への科学的接近』，日本評論社
3) 姜聖淑（2013）:『実践から学ぶ女将のおもてなし経営』，中央経済社
4) 日置弘一郎（1993）:「組織におけるインテリジェンス」，経済論叢152 (3)，108-125
5) 小谷賢（2012）:『インテリジェンス：国家・組織は情報をいかに扱うべきか』，筑摩書房
6) 山内裕（2015）『「闘争」としてのサービス』，中央経済社
7) 番野洋輔，徳力創一朗，野口詩織，Kim Cheonghwa, Wang Ji, 辻真樹（2017）:「おもてなし再考」，Osaka University Knowledge Archive, Vol.67, No.1, p.32
8) 笠谷和比古（1999）『公家と武家2:「家」の比較文明史的考察』思文閣出版

9）山本哲志（2013）:「ホスピタリティ」と「おもてなし」
（http://www.japanhospitalityacademy.com/pic/hospitalityomotenashi.pdf）
10）浜口恵俊（1983）:「日本的組織の編成原理再考:「集団主義」から「間人＝間柄主義へ」，組織科学17（1）
11）http://unctad.org/en/docs/ditc20082cer_en.pdf#searc
12）Lee, C.H. and Kim, G.J（2014）:"Creative Tourism as A Creative City Development Strategy through Cultural Events and Creative Clusters", *The Korean Council of Area Study*, 32（3），57-83
13）Charles Landry（2008）: *The Creative City: A Toolkit for Urban Innovator*s, Routledge

【参考文献】

福島規子（2018）:「ハイコンテクストサービスの学習」，立教大学観光学部紀要20，83-94
原良憲（2014）:「サービス学における「おもてなし」: サービス価値の持続と発展に向けて」サービソロジーVol.1（3），4-11
姜聖淑（2013）:『実践から学ぶ女将のおもてなし経営』，中央経済社
積田淳史（2014）:「経営学における「情報」概念」，武蔵野大学政治経済研究所年報（8），53-70
Rathmell, J. M.（1966）: What is meant by services?, *Journal of Marketing*, Vol.30（4），32-36

第Ⅱ部　ツーリストの行動と，ツーリズムを支えるビジネス

第8章

ツーリズム・ビジネスにおける
サービス人材

　ツーリズム・ビジネスの中核を成すのは「人」が「人」に提供するサービスである。サービスはモノとは違い無形の財であるため，その場で「人」と「人」が対面し，提供される。サービス提供者側には，個々の顧客に合わせた臨機応変な対応が求められ，そこから感動も課題も生まれる。ツーリズム・ビジネスにおける人材の特性を理解するために，まず「人材」つまり組織の中で働く人々をいかに活性化するかという課題のもとで，ホストとゲストの関係性を幅広く考える必要がある。

8-1　日本のツーリズム・ビジネスの雇用創出効果

　旅行・観光産業は，世界でも有数の雇用創出産業の一つであり，WWTC（World Travel & Tourism Council）の報告書によれば，日本のツーリズム・ビジネスの雇用創出寄与度は2013年以降，持続的に増加し，2016年度には直接雇用が124万人，間接雇用が478万人に至ると発表した。

　日本政府も2016年3月に「明日の日本を支える観光ビジョン」を発表し，"観光ビジネス"を地方創生の基幹産業としてGDP600兆円を成長戦略の一つの軸として設計している。前述した通り，2017年の訪日外国人観光客数は2,869万人と過去最高を記録し，消費額4兆4,161億円と前年比17.8%となり，政府の目標を前倒しして達成し，2020年までは4,000万人（訪日外国人旅行消費額は8兆円，国内旅行消費額は21兆円）として目標を再設定した。このような好調

の政策にもかかわらず現場においては人手不足のジレンマに陥っている。

図表8－1　日本のツーリズム・ビジネスの雇用創出寄与度

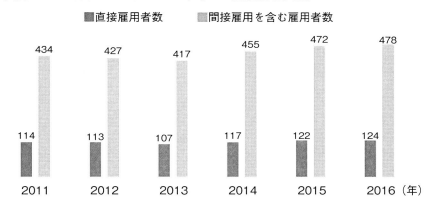

出典：Travel & Tourism Economic Impact 2016 Japanから筆者作成

8-1-1　ツーリズム・ビジネスの雇用をめぐるジレンマ

　日本経済は，2010年以降から継続的に人口減少が起き，労働者数も減少している。日本の人口は2018年9月現在，1億2,642万人で9年連続減少，持続的に減り続けている。50年後には8,000万人まで減ると予測している。人口減少によるマーケットの縮小，低い出生率，高齢化社会が日本経済の活力を減少させる要因として指摘される。

　しかし，日本の就職者数の動向をみると低成長にもかかわらず，第一次，第二次産業から第三次（サービス業）への転換が目立つ。

　一方，観光サービスは，前述の通り，在庫が効かない（生産と消費の同時性）ため，サービス提供者（人材）を確保する必要がある。しかし，労働人口が減少し，労働集約型産業であるサービス人口が増加しているため，人材の確保が難しくなっている。

　ピーター・ドラッカー（Peter Drucker）は，著書「見えない革命（The Unseen Revolution, How Pension Fund Socialism Came To America）」[1]か

図表8-2　日本の人口推移

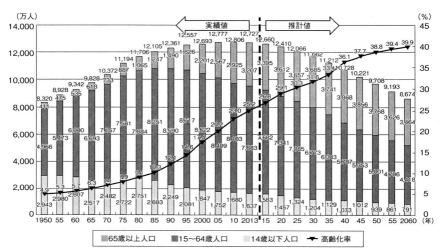

出典：内閣府「国民経済計算」

ら人口構造の変化と社会制度の変化の二つの要素が今後，数十年にわたり，アメリカ社会に大きな変化をもたらすと述べた。このような社会変化による新たなニーズと機会の創出，予測不可能な問題が発生するとした。低出生率・高齢化という人口構造の変化現象は日本社会もさほど変わらないようだ。アメリカは移民政策としてその速度を緩和したとすれば，日本は訪日外国人観光客を積極的に受け入れることで地域創出の機会とするという考え方である。その理由は，訪日外国人観光客が8人来れば，1人の定住人口の消費額を賄うことになるからである。このような期待とは相反する現象として観光地において人材確保，定着，育成課題が浮上し始めた。

8-1-2　観光地の人手不足の解決策は？

　観光地の人手不足を解決できる具体的対策はないのか？　まず，観光地はすでに深刻な人手不足現象が起き，有効求人倍率も2倍を超える地域がある。しかし，慢性的な人的資源の不足状態におかれている。このような人手不足にも

第8章 ツーリズム・ビジネスにおけるサービス人材

図表8-3　GDPに占める産業別割合の推移と就業者数および構成割合の推移

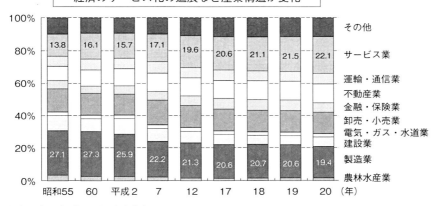

出典：内閣府「国民経済計算」

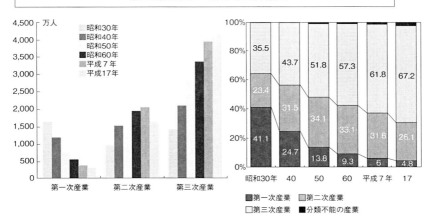

出典：総務省統計局「国勢調査」

147

図表8－4　訪日外国人の消費による地域活性化

○定住人口1人当たりの年間消費額（125万円）は，旅行者の消費に換算すると外国人旅行者8人分，国内旅行者（宿泊）25人分，国内旅行者（日帰り）80人分に当たる。

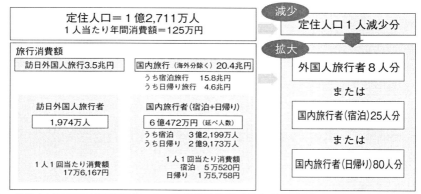

注：定住人口は2015年国勢調査　人口速報集計結果（総務省），定住人口1人当たり年間消費額は2015年家計調査（総務省）による。
　　旅行消費額の訪日外国人旅行は訪日外国人消費動向調査（2015年）より算出，国内旅行は旅行・観光消費動向調査（2015年）より算出。
　　訪日外国人旅行者はJNTO（2015年）発表数値，国内旅行者は旅行・観光消費動向調査（2015年）より算出。
　　訪日外国人旅行者1人1回当たり消費額は訪日外国人消費動向調査（2015年），国内旅行者（宿泊/日帰り）1人1回当たり消費額は旅行・観光消費動向調査（2015年）より算出。
　　定住人口1人減少分に相当する旅行者人数は，定住人口1人当たり年間消費額を訪日外国人旅行者または国内旅行者1人1回当たり消費額で除したもの。
出典：観光庁（2018）：http://www.mlit.go.jp/common/001153257.pdf

かかわらず，2018年完全失業率は2.4％で，観光関連産業が職業としての魅力度が相当低いポジションにおかれていることがわかる。全国の平均有効求人倍率が1.37％である反面，飲食・サービス業は2.9倍として平均給料も平均値を下回っている。2020年東京オリンピック・パラリンピックに続く，2025年大阪万博などに間違いなく訪日外国人は増加する。その対応が注目される。その解決策として進化するIT技術を積極的に活用するとして，すでにロボットがフロントで対応する"変なホテル"が誕生した。また，自動チェックインシステム

を導入し始める企業もある。しかし，バックヤード（顧客がみえない部分）には自動化は進めるべきであるが，フロントステージには人の手が必要となる。現段階でもすでに不安定な状況が続き，その対応策として「生産性向上問題」が頻繁に提起されている。低い給料水準を向上させるためには，高収益体質への転換も必要であろう。また，例年行われている世界経済フォーラムによる国家観光競争力の評価で，2017年度，日本は2016年度の9位から4位に大躍進した。中でも「顧客サービス（degree of customer orientation）」は前年度に続いて136国家中第1位に輝いた。日本特有の接客サービス（おもてなし）がサービス企業に深く定着していることがわかる。しかし，「雇用と解雇の柔軟性（hiring and firing practices）」は112位，「外国人雇用の容易度（ease of hiring foreign labor）」は113位にとどまっており，観光サービス人材確保をめぐるジレンマに陥っている。おもてなしが，国の競争優位性として評価されている反面，日本特有の接客文化を理解し，持続可能な人的資源の育成が課題として浮上している。特に，グローバル人材確保が必要となり，外国語対応の必要性，ハラル，菜食主義，生活習慣の違いや宗教的な儀式に対応するなど，外国人労働者を必要とする局面も多く，体系的な教育が必要となった。ツーリズム・ビジネスが優秀な人材力によって成り立つ人材産業であるという見方は「人材育成」という課題へと発展していく。ツーリズム産業にふさわしい人材の教育・訓練システムが観光競争力を左右することになる。

8-1-3　適材適所の人材づくり

　政府は「観光立国実現に向けたアクションプログラム2015」施策として，宿泊施設不足に対応するために地方旅館に観光客の誘導を進めている。また訪日外国人のリピーター増加に伴い，地方観光への関心が高まっている。訪日外国人観光客の行動の変化によって，観光客が地方圏へ向かうことで，地域社会が観光業の経済的な恩恵を受けることとなり，地方創生に通じる点で注目を集めている。日本には約4万軒（正式には，4万軒を割る）の日本旅館が存在し，地域に生活文化を体験することができる環境にある。日本の生活文化を吸収で

きることは観光行動に付加価値をつける点において非常に重要ではあるが，現段階では旅館におけるサービス生産性の低さが指摘されている。対人接客サービスにおいて合理性と効率化が求められている。旅館サービスは長時間の労働環境と低い生産性が経営を悪化させるとし，観光庁では「旅館経営教室」という講座をオンラインで開設し，良質の人的サービスを効率よく提供しようと経営体質の改善を試みている。さらに本格的に，観光ビジネスの現場のニーズに基づいた観光経営人材育成・強化のための施策を提示している。

具体的には次の3段階で人材を育成・強化する。

① 観光産業を牽引する最高水準の人材育成
② 地域観光の中核的役割を果たす人材育成
③ 即戦略として，現場に投入可能な実践的観光人材教育

日本観光の経営能力を高め，国際競争力を上げ，政府と自治体は地域観光をリードする人材育成を試みている。

図表8－5　観光経営人材育成・強化のための施策

観光産業の国際競争力UP！

観光MBA

地域の観光産業を担う中核人材育成

ホテル　旅行会社　DMO
旅館　交通機関

地域観光産業を志望する学生
働きたいシニア層，女性など経験者

観光産業のトップ・中核人材育成
① 観光産業を牽引するトップレベルの経営人材育成
② 地域の観光産業を担う中核人材育成
③ DMOを担う人材育成

活躍できる実務人材の育成
④ 観光産業の即戦力となる実践的な人材育成

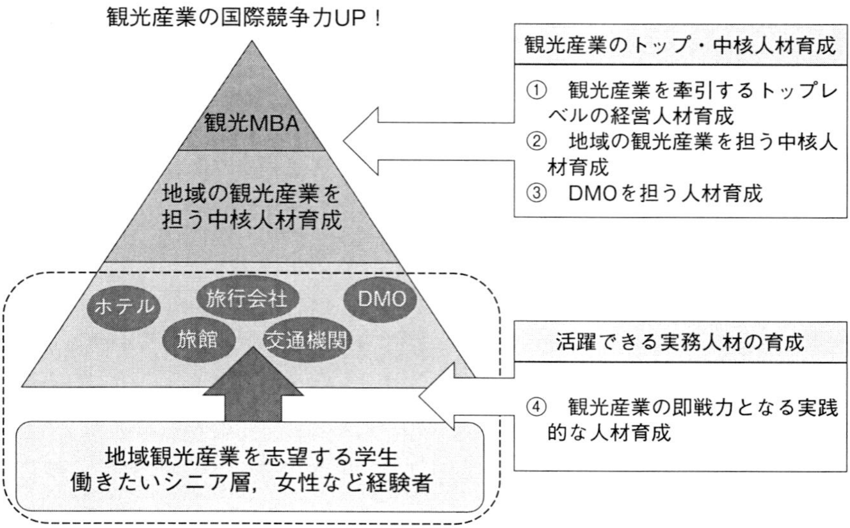

出典：観光庁：http://www.mlit.go.jp/common/001183646.pdf

第8章　ツーリズム・ビジネスにおけるサービス人材

田辺（1996）[2]は，サービス人間に求められる資質・条件として七つをあげている。
① やさしさ：サービス業は対人接触。
② 明るさ：サービス人間は，ポジティブな人であること。
③ 気がつく：フロントの中に立っているとき，お客様に「トイレはどこですか」と尋ねられた場合，フロントの中に立ったまま，口と指さしで教えるのはなく，すぐにわかると思われる場合でもフロントから出て，トイレの見える辺りまで案内するのがサービス人間であると教える。
④ 忍耐力：やさしくいえば我慢強さ，難しくいえば，自己抑制力である。ノーといってはいけない。「プロが選ぶ日本のホテル・旅館100選」で37年連続日本一を続ける石川県の老舗旅館・加賀屋。年間30万人が訪れる人気の秘訣は，「"いいえ"はいわないこと」だと女将は話している。同じく，ローマのエクセルシオール（ホテル）の伝説的なコンシェルジュ，ピント氏はコリヤーズ誌のインタビューに，「この仕事の人間はお客様にノーといってはいけません。たとえお腹の中でノーと思っても"さあ，いかがでございましょうか"くらいにしておくのです。それに，はじめはできぬと思っていても，やってみると案外できるものです」と答えたことは有名だ。東西を問わず，サービス産業は常に顧客に満足してもらうための工夫がうかがえる。
⑤ 頑健さ：どんなに気持ちの優しい人でも疲れていれば機嫌が悪くなる。Maslach（1982）は，顧客との頻繁で持続的な相互作用をする従業員は，高いレベルの感情消耗を経験することを明らかにした。このようなバーンアウトとは意欲的に働いていた人が急に燃え尽きたように働かなくなる，または，働くのを嫌がるようになる（久保・田尾，1991）。感情消耗管理は，優れたサービスを提供するための必須条件となる。
⑥ 繊細さ：サービス人間に要求される繊細さは，心遣いが細かいこと，ものごとの良し悪しの（微妙な）区別がわかること，の2点に要約される。
⑦ 外見：美とは計量し得ざる価値である。サービス業の人間は，例えば，

あるレストランに入ってこられた顧客がどんなに優れた教養人か，どんなによい人で親切で優しい人か，みただけで判断することはできない。

人的要素はサービス活動を左右する最も重要な要素と考えている。異性をみて脳が相手を魅力的だと判断するのにかかる時間は1秒もないといわれている。また，対話を通して相手の魅力を判断するのには90秒，約4分かかるといわれる。

8-2　真実の瞬間（Moments of Truth: MOT）の重要性

スウェーデンの経営コンサルタントであるリチャード・ノーマンが初めて提唱した用語である「真実の瞬間（Moments of Truth: MOT）」は[3]，従来，顧客とのエンカウンターに適用された用語の一つに過ぎなかった。しかし，スカンジナビア航空の社長であるヤン・カールソン（Jan Carlson）が，その著書でたった15秒の顧客とのエンカウンターがいかに重要であるのかを強調して以来，顧客とのエンカウンターを表現する代表的な用語となった。

真実の瞬間とは，顧客が企業の従業員または特定の資源と向き合い，企業に対する価値判断をくだす瞬間として定義される。顧客が当該企業の製品やサービスと接するあらゆる瞬間が真実の瞬間となり，その瞬間の評価が顧客満足度を左右する決定的瞬間となるためである。「真実の瞬間」とは，もともとスペインの闘牛士用語で，闘牛士が牛にとどめを刺す最後の瞬間を指していた。しかし現在では闘牛士用語として使われるより，サービス分野において顧客との接点の重要性を示す用語として，よく使われるようになった。

サービスにおいて真実の瞬間をサービス戦略に導入し，成功した一人にスカンジナビア航空のヤン・カールソンがいる。彼は，著書『真実の瞬間：SAS（スカンジナビア航空）のサービス戦略はなぜ成功したか』で，年間1,000万人の乗客が，それぞれ5人のスカンジナビア航空の従業員と接し，1回の応接時間は平均15秒であった。したがって，1回15秒，年間5,000万回，顧客の心に

スカンジナビア航空の印象が刻み込まれたことになる。この年間5,000万回の瞬間こそがスカンジナビア航空の成功を左右するため，"この瞬間こそ，私たちが，SASが最良の選択だったと顧客に納得させなければならないときなのだ"と述べ，従業員は平均15秒の顧客との接点に航空会社全体のイメージが決定づけられるという事実を認識すべきであると主張した。真実の瞬間をサービス戦略に導入したヤン・カールソンはわずか1年でスカンジナビア航空を800万ドルの赤字から7,100万ドルの利益の黒字経営へと転換させた。

　サービスにおける接点（point of contact）から真実の瞬間を把握し，その決定的瞬間に発生するインパクト（impact）を知ることによって対応策を研究する。実際にサービスを利用する顧客は，サービス提供者との接点を通じて一連の決定的瞬間を経験する。このように顧客がサービスを受ける過程から決定的瞬間の経験を蓄積するまでをサービスサイクル（service cycle）という。

　顧客との接点から発生する決定的瞬間が重要なのは，顧客が経験したサービス品質や満足度はいわゆる倍になる法則が適用されるためである。多数の決定的な瞬間のうち，たった1回の失敗が顧客を失う結果となる。サービス・マネジメントの立場からは接客従業員の接客態度に注意を払うべきである。一般的に軽視されやすい案内員，警備員，駐車場管理員，電話交換員，相談受付員など，サービスエンカウンターを担当する従業員の接客態度が，会社の運命を左右する。

　ヤン・カールソンの真実の瞬間を旅館のサービスに応用してみたらどうなるだろうか？　旅館サービスにおいて真実の瞬間を探してみよう。旅館の接客従業員が顧客との対話を通して顧客に提供する価値を高めるような真実の瞬間を探すのは容易ではない。まずは，顧客と従業員との間にどのようなコンタクト・ポイントがあるのかを，経営者・接客従業員は把握しておく必要がある。

8-2-1　おもてなしのウソ

　旅館の場合，顧客が旅館に着くと，女将（接客責任者）と接客従業員が出迎える。顧客がチェックインし，チェックアウトするまでの世話を，旅館の担当

従業員が1人でこなしている旅館も多い。その分，顧客と接客従業員の相性が旅館全体のサービス・クオリティに影響を与えかねない。

通常，ほとんどの旅館ではサービス提供プロセスが標準化されており，顧客は次のサービスがわかりやすい。しかし，従業員にとっては，1人の従業員が担当する仕事の範囲が広く，柔軟に対応しながら複数の役割を果たすことになる。コンタクト・ポイントで，顧客のニーズに寄り添って，柔軟に対応できるかどうかが，施設のサービスに対する価値評価を大きく左右する。いかに顧客のかゆいところに手が届くか，顧客ニーズを先読みして，サービスを提供し，そのサービス提供のプロセスの中から差別化・独立性を発揮することが大きな課題なのである。

図表8－6　旅館におけるサービス提供プロセス

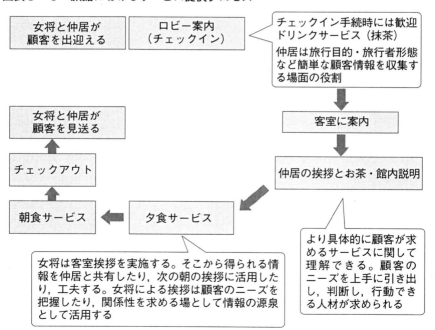

出典：姜聖淑（2013）：『実践から学ぶ女将のおもてなし経営』，中央経済社，p.160

日本一ともいわれる加賀屋旅館での１泊の間，８〜９回のお茶サービスを実施していた。著者が覚えているだけでも，お迎え時の抹茶（１回目）→ チェックイン時（２回目）→ 客室で仲居（接客従業員）の挨拶時の和菓子とお茶（３回目）→ お風呂上がりのお茶（４回目）→ 夕食（５回目）→ 翌朝の目覚まし茶（６回目）→ 朝食時の食後のお茶（７回目）→ チェックアウト時（８回目）の合計８回であるが，お茶が嫌いでなければ10回あるともいわれている。自然と顧客と接客従業員との間で接点を持つ機会が生まれる。さりげない会話から顧客満足や顧客感動につながるサービスが生まれるかもしれない。しかし，このようなサービス設計は，時代によって価値評価が分かれるところである。
　2018年，日経ビジネス１月22日号に「おもてなしのウソ」の事例として日本でもっとも有名な老舗旅館加賀屋の伝統的なおもてなしに対する５代目社長の自問自答が記事として掲載された。

　「できるだけお部屋に伺って，お茶を差し上げなさい」。これが長年受け継がれてきた理想の接客だ。だが2017年から，スタイルを大きく見直し，訪問は３〜４回程度へと減らしている。抹茶と茶菓子，あるいは煎茶とパンフレットを一緒に持っていくといった見直しで，対応の時間も大幅に短くて済むという。背景にあるのは消費者の変化だ。
　「客室係がお部屋に何度も伺うことが，丁寧で至れり尽くせりのサービスという評価を頂いていた。それが加賀屋のこだわりでもあった。だが最近ではお客様に対するアンケートで『到着したら早く温泉に行きたいのに，何度も部屋に来るので時間がかかってしまう』という逆のコメントが増えていた」。
　大きな転機は2015年３月，北陸新幹線の開業だった。関東地方からのアクセスが良くなり，顧客層は一気に広がった。そのため，今までは当たり前だと思っていた手厚い接客についても疑問を投げかけられるようになったのだ。

　時代によって接客態度には，より普遍的な新しい原理が必要である。人々は他人に決められるよりも自分で決定すること，そして自分が今意識している欲

求を大切にしている。個別化への傾向を強めているようだ。

　接客態度の基本原理は，顧客視点に立った顧客理解である。そのためには，顧客のおかれた状況への観察力と共感性を持っていなければならない。

　接客従業員は，顧客に丁寧な態度で接するだけでなく，安心感を与えなければならない。笑顔で歓迎する雰囲気を演出することは顧客を安心させる。顧客が最も嫌うのは，慇懃（いんぎん）無礼な従業員の態度である。このような態度は，顧客の自尊心を傷つけ，人として尊重されていないと感じさせる。

　日本では，この態度変数を強調した独特の言葉として「おもてなし」がある。態度変数は，社会の一般的な人間関係の原理に基盤をおいているため「望ましい接客態度」がその国の文化や伝統に影響を受けるのは当然である。日本の「おもてなし」は，普通客への気配りを意味している。かゆいところに手の届く徹底した気配りをすればするほどよいもてなしとなる。

　このおもてなし発想で気をつけなければならないのは，「かゆいところ」を決めるのは誰かという点である。日本の伝統では，気配りは接客側が顧客の気持ちを察して一方的にするのであって，お客の気持ちをあらかじめ聞いておく場合は少ない。宿泊客がいちいち考えなくてすむように，あらかじめ主人側が「かゆいところ」を全て決めてしまうのだ。宿泊客の方はそれがゲームのルールであることを承知しているので，本当は「かゆいところ」でなくても，主人側の気持ちを理解して感謝する。これが遠来の客をもてなす伝統的なパターンである。

　このアプローチは，今日次第に通用しなくなってきている。「察しの文化」がしっかり根付いていた時代は去りつつあるからだ。豊かな社会の到来とともに，人々の価値観も多様化している。たとえ善意であっても，他人の欲求を推測し，決めてかかること自体が，ある種の危うさをはらんでいる。自分の欲求をハッキリ意識している反面，我慢する力の弱い現代の子供たちをみれば，こうした伝統文化も変わらざるを得ない時期にきているようである。

8-2-2　接客態度

　サービスではその結果と過程の両方が重要であることに触れた。顧客と直に接する対人サービスでは，サービス提供者である係員は最大限の努力を払って，結果と過程の両方で最大の効果を生むように努めるべきである。こうしたサービス担当者の努力の基盤となるのは，第1に担当者一人ひとりの知識，技能，経験など業務遂行能力の高さであり，第2には，サービス組織が用意する計画されたサービス・プロダクトや物的な道具類であるサービス環境など，サービス・システムの質の高さである。サービスの品質は従業員と企業組織の両方に影響されるのだ。

　顧客にとっての結果と過程のサービス品質は，結果は過程によって生まれるため，総合的なものだ。しかし，その過程と結果を無理やり分けて考えてみよう。

　サービス活動の過程における担当者の役割は，大きく二つに区分できる。

　一つは接客態度といわれる側面であり，もう一つはサービス内容に関わる部分である。

　「態度」という言葉は，社会心理学では「特定の対象に対する一貫するある行動傾向」の意味で使われる。つまり，心理学での「態度」とはある対象への認知，感情，行動の三つを要素としたものである。

　しかし，我々は通常，態度という言葉をもっと限定的にも使っている。つまり，他人に接するときの姿勢や礼儀，言葉遣いといったコントロールしやすい表面的な行動である。接客態度という場合には，一般的にこの意味で使われることが多い。具体的なサービス活動は，サービス担当者の接客態度を通して表現されるということだ。

　担当者の態度がよいと顧客がそれなりに満足するといったことが起こる。サービス活動は，態度という衣服を着て顧客へ渡される。だから，態度変数はサービス活動と同じ目的，つまり顧客の満足感の増進を志向したものでなければならない。「丁寧かつ礼儀正しく」がベースだが，お客が緊張しているような場合には，幾分くだけた対応が効果的な場合もあるだろう。

8-2-3 従業員の感情は顧客の感情となる！

　サービス業の従業員は，接客の現場でサービスが顧客の意に沿わなかったために顧客からクレームを受けるなど，さまざまな耐え難い状況に追い込まれる場合がある。しかし，そのような状況の中でも，顧客が望んでいる反応を作り出すために自分の感情をコントロールしようと努力する。このような努力をHochschild[4]は「感情労働」という用語で概念化した。

　Hochschildは，「公的に観察可能な表情と身体的表現を作るために行う感情の管理であり，賃金と引き換えに売られ，交換価値を有するものである」と定義している。感情労働は，私的領域で賃金と引き換えに販売可能であり，使用価値（use value）のみならず交換価値（exchange value）としての性質を有するとされる。感情管理活動とは，感情労働を経営目標に照らして管理する活動のことを意味し，商品化された労働力の一部として管理された表現感情は経済的な価値を持ち，給料またはチップと交換されるとされる（Hochschild, 2000）。

　そのため，特に人的サービスの役割が重要であるホスピタリティ産業では，サービス提供者と顧客とのあいだの相互作用が，顧客が認識するサービス・クオリティのポイントになる。従業員の行動や感情表現を適切にコントロールすることが課題とされるようになった。従業員の笑顔と収益の増加には高い相関関係があることが既存の研究でも報告されている。親しみと熱意の表現は，顧客満足を高め，販売に直結し，反復的な取引を増加させ，結果的に財務的成果をあげることにつながる（Rafaeli & Sutton, 1989）[5]。サービス提供の場で，たとえ顧客が接客従業員を困らせることがあっても，ネガティブな感情表現は禁止され，従業員にはその状況をポジティブな経験に変えることが職務として要求される。その結果，従業員は喜び，驚き，恐怖，上機嫌などの感情表現を戦略的に操作し，顧客が望んでいる特定の心理的状態を作ることによって，顧客との感情交換を行うようになる（崔，2007）[6]。

　Hochschildは，感情労働の遂行方法について，"演技"にたとえて「表層演技（surface acting）」と「深層演技（deep acting）」の二つを提示した。表層

演技とは，組織から要請される感情を表すときに，表情，声，身振りだけを変えようとする努力のことで，深層演技は，従業員の感情が企業から要求される表現規則と合わない場合に，適切な感情を自分自身のものとして体現するため，企業によって行われた訓練や自分の経験を用いる努力のことである。

　このように感情を意図的に抑えるなどの行為によって，感情消耗を経験するようになる。感情消耗は，他人との接触が多い組織の構成員間で発生する。過度な精神的，感情的要求により，エネルギーを使い果たした状態の反応と関連する特定のストレスである（Jackson,et al., 1987）[7]。

　Weiner（1980）によると，人間行動を直接規定しているのは感情であり，この感情は原因帰属や期待などの認知変数を媒介として行動に影響を与える。ある人がなんらかの行動の結果，成功したり失敗したりすると，その原因を考えるということは一般によくみられる現象である。ある出来事について，それが生じた原因を推論していくプロセスを原因帰属過程という。接客の際，自分の感情をコントロールしなければならなくなった場合，その出来事の原因は，従業員が企業側の要求する表現規則（display rule）に従うかどうか，また，表面的な態度だけで接客するか，熱意をこめて真心で接客するか否かに影響する可能性がある。これは主に接客の際に顧客側がみせる反応に対して議論されてきた。では，従業員は全ての顧客のために犠牲を払うべきなのか？

8-3　サービスではプロセスが大切

　サービスは活動であるために，対人サービスでは活動のプロセスを買うか体験することになる。サービスの特性でもある同時性の問題だ。つまり，顧客はサービス活動の結果だけでなくプロセスも体験せねばならない。サービスがもたらす効果は，結果と過程の両方からもたらされる。

　例えば，観光地でタクシーに乗ったと仮定しよう。目的地に到着し，車を降りる時点でサービスは終了する。タクシー利用者は，サービスが始まって終わるまでずっとサービスが生産される場所にいなければならない。宿泊施設の場

合には，電話やインターネットで予約する時点からすでにサービスが始まっているといわれる。その後，宿泊施設に泊まり，チェックアウトすることでサービスが終了する。その間全てのプロセスの中にサービス提供者と宿泊客は関与し，コミュニケーションの中でサービスが生産され消費される。顧客に接する従業員は，慎重に選抜され，徹底的な教育訓練を実施すべきである。また，顧客管理も重要である。顧客が快適にサービスを受けられるように環境を整え，顧客と提供者の相互作用の中で価値を共創する。

　サービスが顧客にとって体験であるとする視点から，サービス過程の方が重要な場合を見つけ出すのはそう難しくない。レストランでは，食欲を満たすことより料理の味を味わい，食事の体験を楽しむ方が大切である。ホテルや旅館の顧客は，そこに宿泊できることよりも，「泊まり心地」の方を重視する。また教育サービスについて，我々はしばしば，教育を受けた過程での体験を語ることはあっても，教育の結果についてあまり話題にすることはない。

　一般に，特定のサービスを生み出す生産システムを考える場合，デザインの核となるのは，予定しているサービスの「結果」を作り出すテクノロジー，つまり予定したアウトプットを生産するために必要な客観的な論理である。この点については，モノの生産システムと大きな違いはない。サービス生産システムが異なるのは，生産活動自体がサービス商品であり，商品提供対象である顧客を巻き込んで，活動自体の経過を顧客に体験させる点にある。そこで，顧客への効果という点から，活動過程が顧客にどのような影響を与えるかを十分に考慮した設計が必要となる。

8-4　観光サービス価値を高める人材の潜在的能力とは

　ツーリズム・ビジネスにおいて重要な業務の一つは間違いなく接客である。接客サービスが，顧客が受ける全てのサービスの印象に大きな影響を与えることは間違いない。サービス価値を高める行為が求められる。サービス分野において競争力を確保できる人材育成はどうすべきなのか，観光は人が全てだとも

第8章　ツーリズム・ビジネスにおけるサービス人材

いわれている。

　接客サービスが，顧客へのサービス全体の印象に大きな影響を与えることから，接客を行う人材育成が重要な課題となっている。サービスに対する評価は，サービス全体に対しての顧客の主観によってなされるため，重視される。したがって，サービス提供指標の多くは，常に顧客の視点からみたサービスを表現するものである。しかし，サービスは業種によって特性があることが知られており，人材に求められる能力も異なる可能性がある。

　吉原（2001）[8]は，ホスピタリティを具現化する上で，人が持つ能力を成果へと結びつけるために「能力発揮力」が必要であるとしている。その上で，組織に所属する個人を「自己」「親交」「達成」の三領域から捉えている。図表8－7は各領域において求められる能力発揮力を示したものである。「自己傾注力」「相互交渉力」「達成推進力」が必要な能力発揮力としてあげられている。このような能力が成果へ結びついて初めて具現化されると述べた。本研究では，接客従業員の業務能力において行動として現れていない能力まで表現するために潜在的業務能力とする。「サービス」が双方向的なものであると捉えており，そして，その意味は，ホスピタリティ研究における「ホスピタリティ」あるい

図表8－7　三つの領域と能力発揮力の関係

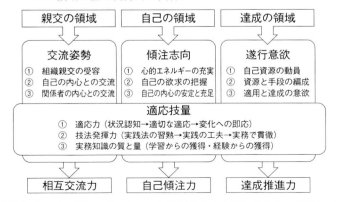

出典：吉原敬典（2001）：「ホスピタリティを具現化する人財に関する一考察」，長崎国際大学論叢第1巻，p.285

は「おもてなし」と親和性が高いと考えられる（佐々木・德江，2009）。そのため，「ホスピタリティを具現化する人材」を対人サービスにおける人材と同様の存在であると捉えるものである。

　サービス分野においては競争力を確保できる人材育成に大きな関心が集まっている。顧客の要求と欲求に瞬時に対応しないといけないサービス現場において，問題が発生した場合に速やかにかつ適切に対応することが顧客満足や顧客ロイヤルティに繋がるともいわれている[9]。したがって，接客従業員の創造力と革新的行動を向上させるための人材育成が最も重要になっている。

　潜在的業務能力をどのように人材育成の場面で活用すべきなのかまでは提案できなかった。また，問題解決スタイルもあくまでもスタイルを判定したもので，そのスタイルが組織有効性にどのように影響されるのかについては議論できなかった。今後の課題としては，潜在的能力と他の属性・認知の項目とを結び付け，考察を深めることによって，日本的接客サービスにつながる人材の特徴をより明確にし，より現実的に活用できるように発展的研究を継続することが必要となった。

部屋担当の仲居のあいさつ

■注
1）Peter Drucker（1996）:『新訳見えざる革命』，ダイヤモンド社
2）田辺英蔵（1996）:『サービスの本質』，ダイヤモンド社
3）ヤン・カールソン著・堤猶二訳（1990）:『真実の瞬間』，ダイヤモンド社
4）Arlie Hochschild著・石川准・室伏亜希訳（2000）:『管理される心：感情が商品になるとき』，世界思想社
5）Rafaeli, A. and Sutton, R.I.（1989）: When cashiers meet customer: An analysis of the role, *Academy of Management Review*, Vol.12, No.1, 23-37
6）崔錦珍（2007）:「感情労働がホテルの従業員の職務態度に及ぼす影響」，立教大学博士学位論文
7）Jackson. S.E, Truner, J.A., & Brief,A.P.（1987）: Correlates of Burnout among Public Service, *Journal of Organization Behavior*, 8）4），339-349
8）吉原敬典（2001）:「ホスピタリティを具現化する人財に関する一考察」，長崎国際大学論叢，No.1, p.281-290
9）佐々木茂，徳江順一郎（2009）:「ホスピタリティ研究の潮流と今後の課題」，産業研究，Vol.44, No.1, 1-19

【参考文献】
姜聖淑（2013）:『実践から学ぶ女将のおもてなし経営』，中央経済社
姜聖淑（2017）:「サービス人材の業務能力と問題解決スタイルに関する研究：日本旅館の接客従業員を中心に」，日本観光研究学会全国大会学術論文集32, 73-76
久保真人・田尾雅夫（1991）:「バーンアウト―概念と症状，因果関係について―」，心理学評論，Vol.34（3），412-431.
Maslach, C.（1982）: *Burnout：The cost of caring*, NJ：Prentice-Hall.

第III部

遊びと人間

第Ⅲ部　遊びと人間

第9章

観光による文化の再発見
―― 巡礼とテンプルステイ（temple stay）

9-1　めぐる行動と滞在（ステイ）行動

　本章では，巡礼を一つの観光形態として捉え，その行動パターンを考えてみる。日本における西国三十三所巡礼の旅や，四国八十八ヶ所の巡礼を国民的な観光行動として捉えると，これに対応する近隣国，韓国の事例を対比して考察する。同じ仏教文化を持つ韓国で巡礼と対比可能な現象が起きている。しかし，その現象はメガスポーツイベントを控え予測される宿泊施設の不足問題の解決策からスタートした。韓国では2002年度ワールドカップをきっかけにテンプルステイ（temple stay）が脚光を浴びるようになった。初めは宗教的な行動ではなかったが，次第に文化観光の一様式として取り入れることに成功した事例ともいえる。仏教という精神文化を観光という切り口で考えると「聖」と「俗」，さらに「遊」は，ホイジンガの"聖なる遊び"にみえるように通底する性質を持つと同時に相反するベクトルを内包している。

　日本では昔から多くの寺院をめぐることは，心願成就を祈る行為であった。一方，韓国では信仰の高い特定のお寺に参籠する行為で願いを叶えようとする。めぐる行為よりステイ（滞在）することが好まれる。この宗教的行為に由来してテンプルステイが韓国の文化観光として位置づけられたことは偶然ではないだろう。

　まず，韓国におけるテンプルステイ（temple stay）の実態を探る前に

第9章　観光による文化の再発見

Tourismの文脈での理解を試みる。

　Tourismの語源は，ラテン語の「轆轤（ろくろ）」に由来する。それは，他の国・地域に存在する自然・文化などに接するために「各地を巡遊・回遊する」ことである。観光の主眼は巡遊・回遊という「行動の形態」にある。また，ドイツ語ではFremdenverkehrであるが，Fremden「外国人・外国」とVerkehr「往来，往復・交通」の合成語であり，やはり「行動の態様」を意味している。

　このような観光行動の中で，日常空間から離れた非日常空間に存在している聖地への参拝を「巡礼」と呼ぶ（橋本，1999）[1]。巡礼の目的を信仰対象に求める宗教観光の起源は世界各地に見出すことができる。ユダヤ教，キリスト教，イスラム教の共通の聖地エルサレム（イスラエル）は，それぞれの信者にとっての聖地で，巡礼者は，出発地〜目的地〜出発地と旅することで目的を達成する。スペインのサンティアゴ・デ・コンポステーラ（Santiago de Compostela）の巡礼路を歩くために，毎年，世界中から大勢の巡礼者が訪れる。巡礼路の最後の100キロを徒歩で達成したという巡礼証明を発行した件数は，2010年には27万2,135件であった[2]。なぜ道を歩くのか。巡礼路とは，単に古い道であるだけでなく，古代や中世の歴史と文化が刻み込まれた道である。

　谷口（2003）[3]は下記のように観光と巡礼の関係を四つに集約している。

　一つ目，《巡礼は最大の観光である》という点である。日本の場合，四国遍路で年間数十万程度であるが，四国巡礼，坂東・秩父の巡礼，地域に根ざした巡礼，中部地方では富士山，近畿の熊野などの巡礼の総和，トータルは相当なものになる。カトリックやイスラムの場合は日本の比ではない。メッカやエルサレム，ローマをはじめ，とてつもない人数になるだろう。二つ目は，《巡礼はもっともグローバルな観光である》という点である。今日，観光はきわめて国際化している。しかしこれはごく近年の現象である。しかし巡礼の歴史を考えれば，巡礼はその初期からやすやすと国境を越えている。巡礼が民族や言葉の枠を越えて，他に例がないほど広範囲の旅をしたというだけにとどまらない。巡礼であることがグローバルなパスポートであった。三つ目は，《巡礼は観光

第Ⅲ部　遊びと人間

の歴史である》という点である。観光という営みを成り立たせるためには，いくつかの条件が必要である。その一つが道である。日本の道の歴史を振り返れば，1つは政治の道，もう一つが宗教の道，巡礼の道である。道と共に重要なのが宿である。江戸時代の参勤交代制度は，東海道五十三次のような宿駅制，宿場町を発展させたが，熊野や伊勢に属した「御師」と呼ばれる人たちは熊野詣で，伊勢参りを各地で組織し，道を案内し，宿を提供し，祈祷や参拝を取り次ぎ，帰りには土産を用意するという現代の旅行者のような役割を果たした。巡礼によって道が通じ，巡礼のために宿泊施設が整えられて，巡礼は観光の歴史につながっていったのである。四つ目は，《巡礼は観光の原点である》ということができる。

　聖地巡礼の形態は，現在の観光行動の原点であると考えられる。各国の聖地巡礼からも，点（テンプルステイ）の観光，線（巡礼路）の観光，面＝空間（西国三十三所めぐり）の観光がみられる。観光行動とその地域の文化が密接に関係していると捉えることができる。さらに，巡礼の領域と観光の領域の間

パラドール・デ・サンティアゴ・デ・コンポステーラ（ホテル）
（写真提供）Joe

第 9 章　観光による文化の再発見

にはもはや明確な境界線は存在しない。

9-2　巡礼の多様な意義

　また，北川（2009）は，「巡礼が日本の周遊観光旅行の淵源となったことは否めない」と述べている。このことが全国各地の「三十三所」巡礼の習俗を広めたと考えられる。西国三十三所巡礼は，平安時代の設定が確認されており，一千年の歴史を有するといわれる。「三十三所」巡礼は，西国三十三ヶ所から始まり，広域地域（一国巡礼），地域巡礼，一山一寺巡礼（境内，巡拝），一所一堂巡礼（三十三観音堂，一石百観音などの参拝）など，巡礼資金や健康状態・体力を考慮したさまざまな巡礼祈願の形態が開発された。また，国巡礼や地域巡礼などにおいて，霊場の宗教的，信仰的な舞台から解放される行き帰りにおいて，巡礼者たちは遊興的な雰囲気を大きな楽しみとしていた。

　多くの研究者により，巡礼が論じられているが，最も注目すべきは，巡礼の動機である。『奥相三十三所観音霊場記』に「巡礼の意義」として，①宗教的，②社会的，③経済的とあるが，『奥熊野街道　金山の史話』にも，「お伊勢まいりの百姓たちは，伊勢街道の道すがら目にとまった田圃の稲穂をしごいて懐に入れたり，竹筒にかくして持ち帰ったりした，とある。これを種籾として品種改良に利用したことから，街道の宇治山田には種の頒布所が設けられ，新しい種籾を全国に広めたという記録もある。「巡礼」には地域社会におけるさまざまな苦楽や遊興に加えて，実利面での姿もみえる。松原（2003）は「聖」と「遊」と「俗」のカテゴリーが一定の行動に分化して存在しているのではなく，互いに強く結びついている点を指摘する。巡礼の旅が，修行者から上流社会，武士社会，地方豪族，そして庶民大衆に大規模な流行を及ぼした背景には，さまざまな社会的意義が考えられる。

　三十三所観音巡礼は，日本における観音信仰による霊場めぐりの行跡である。日本では 7 世紀ごろには始まっていたようで，中世以降は，庶民にとっても地蔵菩薩の信仰に次いで「朝観音に夕薬師」といわれるように薬師如来の信仰と

並んで現世利益の功徳と深いつながりを持って各地に発展していった。特に，農村部においては農耕にまつわる信仰と深い関係を持つ。この菩薩の人気は，その時代の人々が救い求めるものを自由自在に変化して救済するところにあり，正姿である聖観音菩薩が，千手観音や十一面観音など三十三の姿に自由自在に変身する。この姿を三十三の霊場に移し，観音菩薩を安置した寺院を三十三所巡拝し，三十三身に基づく観音の功徳と冥福を得ようとしたところから，三十三所巡礼が始まった（北川，2009）。

巡礼の誕生からの展開をこれ以上遡るつもりはないが，多くの研究者は初期の「詣で」「めぐり」は，平安時代から鎌倉時代にかけて発展し，王朝貴族らの寺社参詣・参籠（祈願のため，神社や寺院などに一定期間こもること）が盛んになるとともに，僧侶・武士にも普及していったことを述べている。

江戸時代，庶民の旅はいろいろ制約があったが，寺社参拝は容認されていたので，有名寺社への参拝や，決まった巡路で多くの霊場を巡拝する巡礼の旅の風習が定着した。中でも，伊勢参宮は長い日数と多額の経費を要するので，生涯一度の大旅行として，村をあげて準備された。巡礼の旅の本来の目的は信仰であったが，江戸時代には庶民の非日常的な社会空間への憧れは，信仰に名を借りた巡礼，名所遊覧，観光旅行の要素が強かったからこそ，大いに流行したのである。

その一方で，北川（2009）によると観光気分の巡礼は結構多く，山門の二階や本堂裏の隠し部屋が丁半の賭場になっていた寺もあった。だいたい日本人は旅するときに，空間的移動よりも，時間的充実を重視する。ある地点からある地点に行きつくまでの過程，それをいかに楽しく有効に過ごすかが大事なことなのである。そういう意味で，十返舎一九（江戸時代後期の大衆作家）の『東海道中膝栗毛』，すなわち弥次喜多の旅の目的地は，もちろん京都である。しかし，目的地に着くこと自体が目的なのではなく，そこにいたる五十三次の宿場ごとの経験を楽しむことが目的なのであると述べている。

巡礼中の人に対しては特別なもてなしがなされるが，その一つとして「お接待」がある。お接待において前田（2007）は，遍路者に無償で物品などを供与

するという接待は現代でも継続されており，特に個人接待は札所あるいは自宅などで依然として活発に行われてもよいと述べている。しかし，西国遍路そのものが時代とともに変化してきたことも否定できず，遍路に対する接待もその形態が変わってきているとしている。また，ホスピタリティが実践されている実例として遍路における接待をもう一度捉え直すべきであり，存続を可能とする条件を多面的に分析することが必要であるとしている。

　人間の「聖」「遊」「俗」の三側面を統合したものとして現れる巡礼行動を考えると，観光行動との重なりについての構造がみえるのではないだろうか。本章では，西国三十三所巡礼と観光行動の現代的意味を読み解きながら，日本の巡礼行動がどのように韓国に影響を与え，そこから今日の韓国ではどのような現象が起きているのか，最近，再認識されるテンプルステイ（temple stay）を中心に文化観光について論じていく。

9-3　日本の巡礼による示唆から自国の文化観光の再創造へ

　日本の三十三所巡礼をモデルとした巡礼が台湾と韓国に提案され，それが各国でも受容されていった。韓国の場合，1984年に巡礼観光が誕生した。韓国には観音霊場の巡礼はないが，楊谷寺（京都府）の日下悌宏住職が京都海印寺と韓国海印寺の関係調査の過程で韓国曹溪宗寺院に呼びかけ，日本人の巡礼行動の海外版をつくった。日本人巡礼者の受け皿として始まったお寺巡りは時代の変化とともに韓国観光公社（KTO）が企画し，日本人旅行者に提案するようになった。

　韓国の巡礼が，日本での巡礼とはかなり異なる方向に進んだのには，韓国と日本の参拝スタイルの違いがある。韓国では本来，寺院に参籠する形式をとり，一定のお寺に長く滞在しながら参拝する。33ヶ所を指定していることも韓国では浸透せず，日本人向けの旅行商品に過ぎない。しかし，韓国でも寺院が持つ自然・有形文化としての観光対象地としての機能は有効であった。

9-4　文化の再創造としてのテンプルステイ（temple stay）

　テンプルステイ（temple stay）は，自然環境と仏教文化が交わる寺院で修行者の日常を体験し，心の休息と伝統文化を体験するプログラムである。1,700年余りの間，韓民族の精神文化の奥底に存在し続けた仏教は，この地の寺院一つひとつに伝統文化の香りと修行者の高潔な生として息づいていた。体験プログラムでは，鉢盂供養（パルコンヤン）（精進料理の食事作法）・明け方の礼仏・参禅・茶道などの僧侶の修行生活を体験し，本来清らかな自分自身の仏性（自分の中に存在する仏の性質）を悟る気づきが得られるようになっている。テンプルステイは，日常生活に疲れた現代人のためのプログラムで，個人や団体を問わず誰でも参加できる（www.templestay.com参照）。いわば，仏教をもっと深く理解できる総合体験の場である。

　実際には多様なテンプルステイの形態が存在するが，一般的には僧侶と全く同じ生活を過ごす形態と，僧侶と相談しながら自分でプランを立てる自由度を持つ形態があるが，朝の勤行（こんぎょう）への参加などは基本的に必須である。その他，滞在日程については多様である。

　しかし，観光行動だけをとってみても，日本ではすでに宿坊が商品化され，宗教的意味だけでなく観光資源となっている。日本においては宿坊と仏教カルチャーをめぐる旅は多様化し，1泊の宿泊値段も高級旅館と一般旅館の区分に対応するほどに幅がある。代表的な宿坊集積地としては，高野山があげられる。高野山には国内観光だけでなく，ヨーロッパをはじめとした多くの外国人観光客，特にフランスからの観光客が多くみられる。彼らの中で高野山は，宗教を超えた一つの観光目的地として位置づけられている。

　韓国におけるテンプルステイは，2002年ワールドカップをきっかけに短期的な観光ビジネスとして始まったが，UNWTOの観光行動形態の変化，韓国の文化観光資源が不足していることなどを考え，政府が関連団体と協力し，テンプルステイ活性化の政策がとられた。

2004年，テンプルステイを持続的に運営するための韓国仏教事業団が組織され，指定寺院がネットワーキングされた。情報サイトの設計によって，広告や予約システムの改善，アクセス容易性が実現した。このような一連の取組みの背景にはテンプルステイから多くの可能性が見出された点があげられる。まず，テンプルステイは，韓国の歴史，建築様式，韓国伝統文化を紹介できる場であり，また，各寺院のロケーションの良さ，国立公園や休養体験ができるなどの資源を有している点があげられる。さらに，無形資源としての仏教文化および精神文化を継承している上に，このような文化を案内し，紹介できる"僧侶"という人材が確保されている。最終的にはインフラの再整備を通して寺院の受容体制を改善することで観光資源としての価値を高めることも可能である。

2008年，韓国観光公社の外来客の実態調査によると，観光旅行動機の28.7％が歴史，文化遺跡探訪であった。さらに，韓国旅行の際，最も記憶に残るところも37％が特有の文化遺産であるという結果もあり，最初に外国人の訪問者の宿泊施設として設計されたテンプルステイは，2002年33ヶ所から始まるが，2011年には122ヶ所の寺院が受入れ可能な体制が整えられた。その背景には外国人対象だけではなく，国内旅行に大きな役割を果たすという予想外のニーズへの対応があった。

2012年韓国観光公社は，韓国仏教文化事業団による韓国を代表する韓国三十三観音聖地として，特に観音信仰が存在する寺院を厳選し，これらの寺院でテンプルステイを行い，仏教文化体験ができるようにした。また，どの寺院も恵まれた自然環境の中にあり，巡礼しながら韓国の隠れた美しさを満喫できる機会となることが期待されている。

また，実際にワールドカップ期間中には，訪問外国人に韓国の寺院文化を経験する"テンプルステイ"プログラムを提供するなどさまざまな企画がなされた。しかし，予約率は予想外に低迷し，開幕直前で200人程度に留まった。全国の全ての宿泊施設は予約完了の状態でありながらも，唯一テンプルステイだけが残っていた。全国31ヶ所の伝統寺院を選定し，建物を改造し，1日1,600人あまり，年間6万8,000人を収容する規模のテンプルステイプログラムを準

備していたが，予想は大きく外れた。なにより外国人に注目されていない結果となった。

その原因としては，"広告不足"であったことが事後明らかにされた。当時，テンプルステイの趣旨は，予想される宿泊施設不足を解消し，同時に外国人に韓国の伝統文化の体験機会を提供する役割であるとされた。実際に，寺院に滞在した外国人は，20代が51.5％，学歴は大卒が56％，大学院以上が31.3％，宗教は，無宗教が33.3％，カトリックが25.2％であった。国籍はアメリカ33.6％，日本18.3％，カナダ13％の順であった。選択動機としては，韓国仏教に対する関心が多く回答された。プログラムの中で人気があったのは，礼拝，茶道，灯火作り，禅，供養の順である。

さらに，テンプルステイが脚光を浴びるようになるのは，世界のメディアが示した関心であるかもしれない。ワールドカップ期間中，世界のメディアがテンプルステイに注目することになり，韓国仏教の広報とのシナジー効果が発揮されるようになる。期間中テンプルステイに参加した外国人観光客は2002年7月4日まで1,000人に上るが，体験場としては，伝燈寺（チョンドゥンサ），薬泉寺（ヤクチョンサ），松広寺（ソングァンサ），通度寺（トンドサ），海印寺（ヘインサ），無覚寺（ムガクサ）などの順で人気があった。

ワールドカップ終了後，ワールドカップに続いて2002年9月26日から10月31日まで開催されたアジア大会期間中には，テンプルステイを外国人向けではなく国内旅行として韓国国民を誘致するため，テンプルステイのプログラムが多様化され始める。特に，週末プログラムとしては，大興寺（テフンサ）の場合，外国人21人，国内385人の参加があった。アジア大会会期中をみると，外国人が総数268人である反面，韓国人は1,299人であり，将来の観光商品としての可能性が示された。

2004年には韓国の中央大学校が山寺体験という教養選択科目を開設するまでになり，観光だけでなく，仏教精神を通して人間性の回復の体験場として活用されるようになる。2004年に3万7,000人であった参加者数は，2005年には5万3,000人，外国人も6,600人が参加するなど，参加者数は2倍以上に増加し

図表9－1　テンプルステイの参加者推移

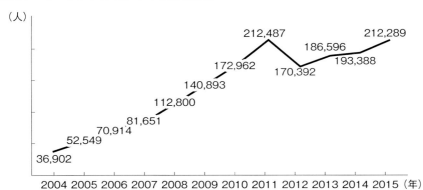

出典：韓国仏教文化事業団

た。2005年韓国観光公社が，フランス国内で2,300人を対象としてテンプルステイの参加について調査した結果，体験希望者は79％にのぼった。2005年，ソウル市江南（漢江（ハンガン）の南方面）に位置する奉恩寺（ポンウォンサ）は，そのロケーションの良さから2005年には2,146人の外国人を誘致した。外国人観光客が選んだ寺院は仏教系の中でのポジションと観光資源がうまく結びついた状況と位置づけられる。

　参加者総数のうち外国人参加者数も増え，2004年度には3,207人であったが，2007年度には13,533人となり，2010年度には20,054人，2013年には21,743人と比較的安定している。

　2008年には改めて韓国の三十三ヶ所が提案される。最初の日本の提案から韓国観光公社が企画し，日本の旅行者に提案するものとして日本の観光客に呼びかけられた。

　テンプルステイに参加する寺院も飛躍的に増え，2003年の33ヶ所から，2008年87ヶ所へと2倍以上に増加している。さらに2013年度には110ヶ所の寺院が参加している。

　韓国におけるテンプルステイの特徴をあげると，まず韓国の精神文化の体験

の場を提供することがある。次に，自然環境の中で自己省察する時間を提供し，禅体験が可能な点，さらに精進料理（ヘルシーであるという意味の再認識につながる）をいただくことで精神的な健康だけではなく，現代人の身体的健康を考え直すきっかけをつくりだす。しかし，そのための施設や設備は十分とはいえず，宗教的特色が強いため一般的に抵抗がある点も指摘されている。このような長所や短所があるにもかかわらず，テンプルステイは徐々に発展している。

2008年12月の時点では，14ヶ所の市・道に87ヶ所が指定され，寺院に宿泊する単純な体験にとどまらず，韓国文化を理解する機会が提供できるとみられている（文化観光）。また，2006年，韓国観光公社がフランスのパリで，実施したアンケート調査結果では，51％が訪韓したらテンプルステイを経験したいと答え，訪問経験がある人は最も興味深かった活動として46％がテンプルステイを選んだ。さらに2008年，外国観光客の実態調査結果，韓国旅行の動機が「歴史・文化探訪」であると答え，なにより印象深いのは特有の文化遺産があるという回答が37％あったことである。

韓国の観光遺産のうち，寺院が観光資源全体の6割以上を占める現状を考えると，観光資源化の対象として寺院は魅力的な空間である。韓国のテンプルス

図表9－2　テンプルステイ運営の基本要件

項　目	細　部　基　準
伝統性と施設	・寺院としての歴史性，伝統の伽藍，寺全体の施設がテンプルステイの空間としての活用可能性 ・専用施設（プログラムの振興室，宿所，洗面所，化粧室など）を設備可能か，すでに整えた寺院
運営ビジョン	・テンプルステイ専門運営の寺院としてビジョンを設定しているかテンプルステイ事業中心として運営する寺院
運営実績	・定期的運営サイクルと一定以上の参加者の実績 ・自治体との結束度が高く，支援事業として推進する予定の寺院
人的資源	・運営者，事務者などを受け持つ人材を配置（各1人以上）する寺院
プログラム	・寺院または寺院周辺に資源が豊かでプログラムの開発要素が豊富，現在，開発・運営力量を持っている人

出典：韓国佛教文化事業団に基づき筆者作成

第 9 章　観光による文化の再発見

骨窟寺（Golgulsa）・禪武道（Sunmudo）
（写真提供）骨窟寺

テイが大幅に成長した背景には，体験に必要な費用も無視できない。1泊2日で5万ウォン前後（5,000円程度）である。国民旅行実態調査によると，1人平均17万7,705ウォンであるのに比べて低価格で楽しめる。日本の宿坊が平均1万円程度で，高いものは2万円もあり得る状況から考えると，はるかに手頃な価格設定となる。価格に対する観光の効果が大きなトレンドを作った可能性が考えられる。

実際にデータからみられるテンプルステイの運営状況を調べると，まず，基本要件としては，図表9－2の通りである。

9-5　韓国におけるテンプルステイがもたらした文化観光の現代的意味

韓国のテンプルステイはマスメディアが作りあげた巡礼行動ともいえる。経済協力開発機構（OECD, 2009）[4]が選定した競争力ある文化観光商品として，テンプルステイが選ばれた。OECD（2009）は，最も成功した文化観光商品として韓国のテンプルステイを選定した。

観光行動は，観光への欲求あるいは動機があって初めて行動をとらせるが，その目的は，多様である。観光行動の形態の変化についてUNWTOによれば，21世紀の観光の核心は，人間性の回復，生態観光，文化観光，テーマ観光，グ

177

図表9－3　テンプルステイの類型

基本型	寺院案内，茶道，寺院歴史，茶道試演および体験，供養，礼拝，参禅，お坊さんと対談，108礼拝，山行，人定，散華作り，掃除
休暇型	オリエンテーション，礼拝，供養時間以外には自由
仏教文化体験型	寺院の文化資源を活用する。散華作り，茶道，連珠づくり，仏教式ヨーガ
生態体験型	寺院のロケーション。仏教の教えと人の暮らしが自然の生命体と共存していることを強調する。自然探索，森の体験などのプログラム
伝統文化体験型	寺院の地域文化を中心として韓国伝統文化体験，歳時風俗を中心に韓国の伝統行事
修行型	参禅と瞑想。自身をを省み，他人との調和などの真理を悟る
テンプルライフ	時間が限られている外国人に短時間で仏教文化を体験できるように構成されたプログラム2～4時間
例外型	地域祭りやスポーツなど特定の期間および行事と連結して，上記の七つの類型に当てはまらないプログラム

リーン観光など体験観光が増加していると報告している。その一環としては文化観光，人間性の回復に聖地巡礼やテンプルステイなどが改めて認知されるといってよい。

座禅や礼仏など修行体験
（写真提供）韓国観光公社

　ここでいう文化観光とは，歴史，伝統といった文化的要素に対する知的欲求を満たすことを目的とする観光を指す。研究旅行，探求旅行，芸術文化旅行，

祭り，イベントなどの文化行事への参加，遺跡地，自然，民俗，芸術研究旅行，聖地巡礼など，個人の文化水準を向上させる新しい知識，経験，そして人との出会いなど多様な欲求を充足させる全ての行動である。

　巡礼にみられる観光行動が現代に改めてトレンドになったのにはさまざまな理由ときっかけがあるものの，本来人間は金，時間，命に関わるリスクさえなければ，本能的に外の風を感じることを好む。しかし，現代の観光はさまざまな意味でその純粋な人間行動を変容させていく。

　その方法としては，今まで宗教的行動が制度的枠組みの中で信者を中心として運営された場所がテンプルステイの形態で，非宗教人はもちろん他宗教の信者も包含して，超宗教的範疇の中で開放的になるように誘導するというものである。テンプルステイに現代人が集まる最も大きな要因は，当初用意されている仏教儀礼と信仰文化を基盤とした宗教的意味から，人間が本来持つ聖なる志向性を満たしていく場を提供するからである。

　「めぐり」は観光行動の基本であり，原点でもある。日本における「めぐり」は宗教観光の巡礼として始まる。しかし，宗教的な意味における巡礼は，韓国ではあまりみられなかった。韓国では，特定の決められた寺に詣でる行為として参籠がなされていた。そのような形態は日本の初詣の形と似ている。韓国では昔から特定の寺院に籠ることで信仰を高めていた。しかし，現代のテンプルステイは，文化観光としての新しい形態を提案するようになった。テンプルステイは滞在し，仏教の精神文化と修行体験を通して人間性を回復する。

　したがって，近年のテンプルステイのプログラムには時代の要請が反映され，学校の暴力，家族の絆などを強調したものがみられる。人間性の回復に最もふさわしい場を提供している。

　現代韓国の聖なる空間となるのはテンプルステイだけではなく，もう一つの聖地巡礼としてみられるのは家（宗宅：family of the oldest brother．一族（氏族）の長男がいる家。一族の祭祀など行事を主宰する。いいかえれば，一族の伝統性のシンボル的存在，ジョンテク），古宅を訪ねる行動であり，本来の巡礼により近い行動形態がみられる。

第Ⅲ部　遊びと人間

　韓国の文化財庁（Cultural Heritage Administration）がいにしえ（文化的価値がある）の文化観光の資源として活動するために積極的に支援し始め，（社）韓国古宅文化財所有者協議会などが発足し，全国の歴史的価値がある伝統家屋や建築様式などの基準を整備し発掘している。さらに，現在までの古宅の３～４割が宗宅で，韓国の精神的社会において，伝統氏族社会のリーダーとして役割を果たしてきた。その宗家（ジョンガ）宗家の長孫（ジョンソン）と宗家の一番上の嫁（ソンブ）嫁には多様な義務が与えられる。特に奉祀孫（祖先の祭祀を受け持つ子孫）は宗家の大きな儀礼であり，宗家の料理は個々の氏族文化を受け継いでいる。人類学者E．タイラーは，文化を「知識，信仰，芸術，道徳規範，風習など，人が社会の成員として獲得するあらゆる能力や慣習を含む複合的全体」と定義している[5]。韓国社会においては，文化観光の対象として申し分ない要素を持っている。

　最近，宗家の班家（バンガ）料理を楽しもうと多くの人がめぐる観光行動をしている。韓国人として自分自身のルーツを探ろうとする行動が宗宅に向かわせ，韓国の地方文化，食文化を体験できる貴重な空間が班家（両班家）料理の食卓にはある。

　寺院であれ，宗宅のような空間は「聖」なる空間であったが，最近のニーズにより人の行動には「遊」というカテゴリーに大きく関わっていくことになる。「遊」であるばかりではなく「聖」なる文化が非常に強く結びつきを持った文化としてみえる。

　現在の韓国におけるテンプルステイの現象は，るるぶ観光と体験の間にシミュレーションとして位置づけられている。今後宗教的に聖なる空間として深化していくのか，観光行動に留まるのか注目すべきである。今後，テンプルステイの発展による韓国の精神文化である仏教文化を通して，両班（ヤンバン）文化を通して世界の人々により韓国を深く理解してもらう空間づくりが求められる。

■注

1） 橋本和也（1999）:『観光人類学の戦略』, 世界思想社
2） マルセリーノ・アヒス・ビリヤベールディ・ロペス著, パソスファン・ホセ訳（2018）:「サンティアゴ巡礼の道とヨーロッパ」, 天理大学学報, 第69巻第2号, 47-54.
3） OECD（2009）: Chapter 8: Temple Stay Programme, Korea, The Impact of Culture on Tourism, OECD, Paris
4） 谷口廣之（2003）:「観光と巡礼」, 232-250・堀川紀年・石井雄二・前田弘編『巡礼の文化史』, 世界思想社
5） Tylor, E.（1871）: Primitive Culture（7th edition）, NY, brentano's

【参考文献】

堀川紀年・石井雄二・前田弘（2003）:『国際観光学を学ぶ人のために』, 世界思想社
北川宗忠（2002）:『観光・旅の文化』, ミネルヴァ書房。
北川宗忠（2009）:『全国ふるさと三十三所巡礼辞典―記録にみる古今・全国三十三所巡礼の集大成』, サンライズ出版。
前田　勇（2007）:『現代観光とホスピタリティ』, 学文社。
松原洋宗（2003）:「転換期ルネサンスの〈聖〉と〈遊〉と〈俗〉」『立教大学観光学部紀要』第5号, pp.34-46。
オーラ―, ノルベルト著・井本晌二・藤代幸一訳（2004）:『巡礼の文化史』, 法政大学出版局。

第Ⅲ部　遊びと人間

第10章

持続可能な観光へ
―― IR構想，カジノだけではないその先へ

　ツーリズムとは，「楽しみを目的とした」人間の行動である。「遊び」とは，人間の生きるための一つの要素かもしれない。マーケティング論においても，楽しくないと売れないという言葉がある。全ての消費行動にも楽しみ＝エンタテインメントの要素が盛り込まれている。最近は，教育にも遊びの要素を盛り込むことでより深く物事を理解しようという意味で，エデュテインメント（edutainment）という新語もつくられている。

10-1　ホモ・ルーデンス

　「遊び」について概念や本質を追求したのはホイジンガ（J. Huizinga）とカイヨウ（R.Caillois）である。ホイジンガの「ホモ・ルーデンス」研究をカイヨウが引き継ぎ，遊びの概念を再検討し，遊びを分類した。著書において，ホイジンガは「文化こそ遊びから生まれる」と主張する。一方，カイヨウは「遊びと文化は同時並列」であり，なにかが優先されるという順位はないと考えている。ホイジンガとカイヨウの「遊び」概念の定義と本質を比較すると，まず，ホイジンガは，①一つの自由な行動である，②必要や欲望の直接的満足という過程の外にある，③場と持続時間とによって，日常生活と区別される，④遊びは緊張の要素が必須である，緊張ということは不確実ということ，やってみないとわからないということ，⑤どんな遊びにも固有の規則があるとした。一方，カイヨウは，①自由な行動，遊技者が強制されないこと，②隔離された活動，

第10章　持続可能な観光へ

図表10－1　遊びの分類

	アゴン（競争）	アレア（運）	ミミクリ（模倣）	イリンクス（眩暈）
パンディア（はしゃぎ，馬鹿笑い）	競争 取っ組み合い	賭け ルーレット 鬼を決めるじゃんけん	子供の物真似 仮面 人形	メリーゴーランド ブランコ ジェットコースター
ルドウス（競技）	チェス ボクシング サッカー スポーツ競技全般	宝くじ	演劇 見世物全般	スキー 登山 空中サーカス

出典：ロジェ・カイヨ著・多田道太郎・塚崎幹夫訳（1990）：『遊びと人間』，p81

あらかじめ決められた明確な空間と時間の範囲内に制限されていること，③未確定の活動，ゲーム展開が決定されていたり，先に結果がわかっていたりしない，④非生産的活動，⑤規則のある活動，ルールに従う活動，⑥虚構の活動，二次的現実，または，明白に非現実であるという特殊な意識を伴っているとしている。

　京都大学経営管理大学院の小林潔司教授は，ブログで，「カイヨウの議論は，労働のために自分を再生産するレクリエーション（recreation）という考え方から脱却していないようで，アリストテレスは，レジャーを人生の価値を見出すことであり，生そのものがレジャーだと主張したが観光においてはアリストテレスの考え方が適しているようだ。」と述べた。

　話を戻し，人間は常に遊びを生活の一部分においているが，とことん遊びを観光対象化したのがカジノであり，最近流行りのIR構想にも通じるものがある。

10-2　IR（Integrated Resorts，複合型リゾート）構想

　「IR（複合型リゾート，以下，IR）」の概念や定義については，いまだ普遍的な結論にはいたっていない。複合型リゾートの始まりは，2005年，シンガポールの「リゾート・ワールド・セントーサ（Resorts World Sentosa）」およ

び「マリーナ・ベイ・サンズ（Marina Bay Sands）」，マレーシアの「ゲンティン・ハイランド（Genting Highland）」などを複合リゾートであると命名し，その後これらの施設が成功を収めたことで用語が拡散し始めた。

　日本では，カジノ合法化を推進するための法案としてIRを「特定複合観光施設」と称し，「国際会議場・展示施設などのMICE施設，ショッピングモールや美術館などのレクリエーション施設，国内旅行の提案施設，ホテル，レストラン，劇場・映画館，テーマパーク，スポーツ施設，スパなどと，カジノを含む施設が一体となった複合観光集客施設」と規定している。

図表10－2　統合型リゾート（Integrated Resort：IR）の定義づけ

IRの特徴	補足説明
カジノを経済的なエンジンの核として持つ非常に巨大なエンターテイメント施設	カジノがあげた収益が他の非カジノ部門の維持費用を補てんする収益構造
建設費用は40億ドル程度（1ドル80円換算で3,200億円）と非常に巨額	この巨大なIRの維持費用として年間5億ドル（1ドル80円換算で400億円）が税引後利益に減価償却費と支払利息費用を加算した金額として必要
カジノはIRの経済的なエンジンの核として機能しているが，その物理的な割合は非常に小さくIRの総床面積の10％未満	総床面積のうち10％に満たないカジノはIR全体が生み出す年間のキャッシュフローの半分以上を生み出す
IRは少なくとも1,500室の部屋を有するかなり大きなホテルの建設も含む	会議場，コンベンションも重要な要素である
IRをより魅力的にする様々なアメニティ施設が必要	フードコート，レストラン，ショッピングセンター，映画館，ショールーム，ナイトクラブ，ゴルフコース，スパ，野生動物のエキシビションエリア，アートギャラリー，アミューズメントパーク等を含んでいる
IRは複合的な施設なので，その周辺にセカンドハウスを購入する人々が多くいる	アパートメント，コンドミニアム，タイムシェアユニット等がIRに組み込まれている

出典：佐々木一彰（2013）：「観光資源としてのカジノ，規制産業としてのカジノ」，進化経済学会大会発表

第10章 持続可能な観光へ

マリーナ・ベイ・サンズのカジノ
(写真提供) Yoon

　Wall（1996）によれば，IRという用語が使われるようになる前，1950年代後半，すでに「宿泊施設と観光関連施設などを統合した統合的観光目的地」を意味する「Integrated Destination Resorts」という類似概念が登場していた。

　佐々木（2013）[1]は，MacDonald & Eadington（2008）の定義から図表10-2からも明らかであるが，「罪の産業」であるカジノが統合型リゾートのDriving Forceとして有効に機能していることが理解されると述べた。

　カジノと多様な文化・観光施設を備え，地域観光産業および経済全般に肯定的効果をもたらした公共施設としてIRを構想したのがシンガポールである。現在，日本が導入しようとしているIRと同一線上にある。シンガポールのIR施設は，高所得施設（カジノ），中所得施設（ホテル，ショッピングモール，F&Bなど観光施設），さらに，低所得施設（MICE施設，公演・劇場，博物館など公共的性格の強い文化観光施設）に分類される。カジノをコア施設ではない多様な施設の一つとし，収益性が中程度の展示コンベンション，博物館，公演，さらには，収益性の低い，観光文化インフラを政府の投資なしに民間事業者が肩代わりして負担するような投資インセンティブ財源である。したがって，IRは，「一定の規模以上の地域にカジノ施設を含む，高級の宿泊施設とともに，地域経済，インフラ特性を考慮した各種の観光・ショッピングモール，レ

ジャー施設およびテーマパークなどを選択的に含む目的地リゾートとして地域経済を牽引する公共基盤施設を形成し，アクティブな複合施設である」といえる。

IRは2010年を起点として，シンガポールとマカオでの開発が完了し，カジノ市場と観光産業のパラダイムを大きく転換させている。このような動きは，カジノ産業をアジアに移転させるきっかけとなり，この時期にIRという用語が最初に使われるようになる。グローバルカジノ企業である，ラスベガスのサンズ（Las Vegas Sands Corp., : LVSC）とゲンティン・グループ（Genting Group）の投資誘致を成功させたシンガポールは，2010年にオープンした2ヶ所のIR（複合型リゾート）「マリーナ・ベイ・サンズ（Marina Bay Sands）」と「リゾート・ワールド・セントーサ（Resorts World Sentosa）」で，売上額は，初年度28億米ドル，次年度には43億米ドルを記録し大成功を収めた。

IRは，アジア圏域内観光産業のメッカとして浮上したシンガポール以外にも，台湾，フィリピン，ロシア，日本にまで大型で複合型のメガリゾートを展開しようとしている。

10-3　持続可能なツーリズムマネジメントへ

観光まちづくりや着地型観光をはじめとする地域活性化を目指す活動にはゴールがない。よりよい地域環境の獲得を目指して，地域住民の継続的な活動による絶え間ない品質向上のための活動が必要となる。

1980年イギリスの地理学者であるバトラー（R.W. Butler）[2]は，「Tourism Area Life Cycle（TALC）」という観光地のライフサイクルに関するモデルを提唱した。一般の商品のライフサイクルのように観光地にも探索段階→発展段階→確立段階→停滞段階→衰退段階にA再生，B維持，C再調整，D低下，E衰退，に分かれるというライフサイクルがあるとするものである。

第10章 持続可能な観光へ

図表10－3　観光地の発展モデル

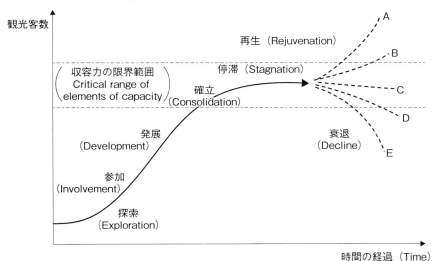

出典：Butler (1980), p.7

　バトラーは時間軸を取って観光客数の動態的変化をみると，観光地は段階的に成長し，発展していく。その後に停滞もしくは衰退するという傾向があることに注目した。

図表10－4　ライフサイクルの各段階の概要

探索段階	観光客がきわめて少なく，その地域に魅力を感じた観光客は自ら手配をし，その地域へ旅行する。地域はまだ観光客用の施設がないから地域住民の家で宿泊するなど地域住民と接触する密度も高く，これも観光客にとって魅力的である。まだ，地域経済にも大きな影響もない。
参加段階	観光客が増える。一定の観光客数が見込めるようになると，観光客優先の施設が整備される。観光客を引きつけるための宣伝が行われ，観光市場は形成されていく。観光シーズンが現れ，地域住民の生活に変化が現れ始める。旅行の組織的手配が行われ始める。交通や施設などについて政府へ要望も出す。

187

第Ⅲ部　遊びと人間

発展段階	観光地が大々的な宣伝によってイメージが作られていく。地域外の資本が参入し，外部大手企業によるより近代的で洗練された大型施設に取って代わられることが多くなる。特に宿泊施設にこの傾向が顕著である。開発は必ずしも地元にとって望ましい形では行われない。観光地の整備計画や施設の拡充に，国レベルや地域レベルの介入が求められるようになる。	
確立段階	観光客は増加するが，その増加率は減少する。住民より観光客が多い状態。地域経済の主要部門は観光と結び付いており，マーケティングや宣伝も広く行われる。観光市場拡大の努力がなされる。観光客の行動に何らかの制限や禁止が設けられることもある。観光に関係のない住民からは観光施設に対する反発や不満が生ずる。	
停滞段階	地域で受容できる観光客数が限界に達する。このことに起因する環境・社会・経済の諸問題が生ずる。観光客数の維持のために交通の利便性を確保するなど努力がなされる。地域の自然や文化よりも観光施設がその地域イメージを表すようになる。	
衰退段階	新興の観光地と競争できなくなり，観光市場は縮小する。多くの人々を惹きつけられなくなるが，交通の便が良ければ，週末旅行や日帰り旅行に利用される。観光施設の利用目的の変更は定住地としては評価されるなどホテル転じてコンドミニアムや老人ホームなどで生まれ変わることが多い。	
衰退段階前後の展開	衰退段階が進むと地域として観光地の機能を失われる。しかし，再生が図られる場合，いくつかの方向性がある。一つはカジノのような施設を建設し魅力を高めるか，もう一つは，未開発の視線環境を利用・開発する。多くの場合，再生のためには政府と民間企業の連携が必要となる。再生以降いくつかの方向性が見える。 A 再生に成功すれば新たな成長が起こる B 調整されて地域資源を保護し続ける場合，A程度ではないが維持が可能である。 C 全ての点で再調整がなされれば，より安定した観光客数が確保される。 D 地域資源を過剰に利用し続け，古い施設を替えないことで地域の競争力が低下すれば観光客はきわめて減る。 E 戦争や伝染病などが発生すると旅行者はいなくなり，観光地は衰退する。	

出典：Butler, R（1980）に基づいて筆者作成

第10章　持続可能な観光へ

　バトラーは観光地の発展段階に対する地域や理解がもっと進展しなければ，世界中の多くの魅力的で興味深い観光地もいずれは観光遺跡になってしまうであろうと警告を発せざるを得ないのであるとする。

　ManningとDougherty（1995）[3]は，「ツーリズム産業の発展に携わる人は，デスティネーションの環境容量を念頭におき，旅行者だけではなく地元住民も含めた全ての人々に望ましい結果をもたらさなければならない。そのような配慮がないままに開発が進めばデスティネーションの環境は破壊され，いずれ旅

図表10－5　観光の地域戦略マーケティング計画の概念的枠組み

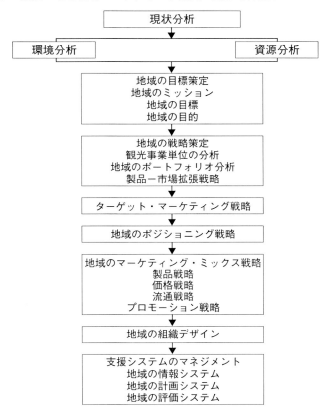

出典：Heath, E. and G. Wall（1992），p.12

189

行者も訪れなくなるだろう」と主張するように，観光を手段とする地域振興には持続可能性が必要不可欠な要素である。

　Throsby（2009）[4]は，観光地の持続的発展の原則を次の三つに分類している。第1に文化資本・文化的多様性・文化的エコシステムの持続的発展のもとにツーリズムが行われる文化的持続的発展性（cultural sustainability），第2に自然環境の持続的発展のもとにツーリズムが行われる生態学的持続的発展性（ecological sustainability），第3に将来においてもツーリズムにより経済的効果が持続的に得られるようにする経済的持続的発展性（economic sustainability）である。このうち，経済的持続的発展性については，観光には観光資源となる文化資本および自然資本の持続的発展性のみならず経済的発展性が必要であり，人々の生計の持続的発展が指導原理になるべきであることが主張されている。つまり，観光地における経済面での持続的発展のためには，観光客に常に選ばれ続ける観光地となることが重要となる。地域がデスティネーションとして潜在的観光客に選ばれ，成長するための要件は「持続性」と「競争力」の2つである（高橋，2013）。

　Heath and Wall（1992）[5]によるデスティネーション・マーケティングの枠組みは，戦略的マーケティングの枠組みの客体を製品から地域に置き換え，製品にはなかった地域の特性を加味して修正を加えたものであり，その概要を示したものが図表10-4である。

　内田（2015）[6]は，デスティネーション・マーケティングと旅行マーケティングの違いを指摘し，観光目的地では，継続的に観光客が地域に訪問してくれるよう，特定の地域に軸足を置いた持続可能なマーケティング業務を行う必要がある。商品を開発する場合は，自分の地域資源を使うことに重点があるとした。

10-4　今後のグローバルツーリズムのゆくえ

　UNWTO発表によると，2017年の国際観光客は13億人に達している。観光

は時折の不測の事態が発生しているにもかかわらず，強みや回復力を示し，実際に途切れることなく成長を続けてきた。国際観光客到着数は1950年の2,500万人から，1980年には2億7,800万人，2000年には6億7,400万人，そして2016年には12億3,500万人，2017年には13億人，2030年には18億人に達するであろうと予測している。

世界情勢は，異常気象，自然災害など不確定要因が複雑に絡み合いながら変化し続けているが，13億人の観光マーケットをめぐるグローバル競争は激しさを増している。

UNWTOが発行した"Tourism toward 2030"報告書によると，アジア地域を含む観光新興国に向かう観光客が年間4.4%増で成長し，その他先進諸国の成長率（2.2%増）の約2倍になる見通しとなった。グローバルツーリズム・マーケットが，アジアを含む観光新興国を中心に再構築されることがわかる。アジア各国では，MICEなど高付加価商品の誘致や，格安航空会社（Low Cost

図表10－6　2016年の国際観光

出典：UNWTO（2017）：*Tourism Highlights,* 2017 Edition. https://www.e-unwto.org/doi/pdf/10.18111/9789284419296

第Ⅲ部　遊びと人間

Carrier：LCC）の躍進，さらにOTA（Online Travel Agency）の躍進を通じてホテルマーケット自体が拡大傾向にあるなど，観光分野の需要が持続的に増加している。特にIRは既存のリゾートとは異なり，地域のランドマークとしての役割を果たし，経済波及効果をもたらすことからアジアをはじめ各国の関心が高くなっている。

　2018年，UNWTOは「持続可能な観光の国際年」とし，観光地の運営規模に適した観光のあり方を求める姿勢を示した。膨張する観光客の移動が過度に一定の場所（地域）に集中することで起こる地域への負担を社会現象として捉えた概念がオーバーツーリズムである。

　今後，文化観光が直面しているさまざまな課題の中，観光客の文化経験をどのように提供するのかという課題も多く，その答えとして，ローカルの価値とグローバルの価値をどのように融合させ，共存していくのかを追求すべきであろう。

■注
1）佐々木一彰（2013）：「観光資源としてのカジノ，規制産業としてのカジノ」，進化経済学会大会発表
2）Butler, R.（1980）：The Concept of a Tourist Area Cycle of Evolution, Canadian Geographer, Vol.24（1），5-12（毛利公孝・石井昭夫訳「観光地の発展周期に関する考察」，立教大学観光学紀要，第4号，98-103, 2002）
3）Manning E. and D. Dougherty（1995）：Sustainable Tourism：Preserving the Golden Goose, *Cornell Hospitality Quarterly,* Vol.36（2），29-42
4）Throsby, D.（2009）：Tourism, Heritage and Cultural Sustainability Three Golden Rules, in Ginard, L. and Nijkamp, p.（eds.），*Cultural Tourism and Sustainable Local Development,* Routledge, 2009, p.19
5）Heath, E. and Wall, G.（1992）：*Marketing tourism* destinations: a strategic planning approach, Wiley
6）内田純一（2015）：「観光マーケティング：日本版DEMOに必要なCSV機能とは何か」，ほくとう総研情報誌NETT, Vol.90（Autumn），10-15

【参考文献】
Caillos, R.（1958）：*Lesjeux et les hommes,* Gallimard（多田道太郎・塚崎幹夫訳『遊びと人間』，講談社学術文庫，1990）

Huizinga, J.（1955）：Homo Ludens: A study of the play-Element in culture, Beacon Press（里見元一郎訳，『ホモ・ルーデンス－文化のもつ遊びの要素についてのある定義づけの試み』，河出書房新社，1974）

ホイジンガ（1973）：『ホモ・ルーデンス』，中央公論新社

高橋一夫（2013）：「デスティネーション・マーケティングの特性と課題：マーケティングの主体としてのDMO」，日本観光研究学会全国大会学術論文集28，9-2

Wall, G.（1996）：Integrating Integrated Resorts, Annals of Tourism Research, 23 (3), 713-717

第Ⅲ部　遊びと人間

Column03

アジアのIR事例：シンガポール

　カジノの不健全な側面を理由に，観光関連業界の持続的要求にもかかわらず，カジノ開設を許可してこなかったシンガポール政府は，外資誘致，雇用創出，経済成長促進などのためカジノ導入の必要性を認識し始めた。

　2010年，政府主導のもとで2ヶ所のIR（複合型リゾート）カジノがオープンし，オープン年度からラスベガスに匹敵する売上を記録した。マレーシアを基盤とするゲンティン（Genting）社が運営するリゾート・ワールド・セントーサ（Resort World Sentosa）は高級ホテル，カジノ，ユニバーサルスタジオ，海洋生態公園，ウォーターパーク，水族館，ショッピングモール，コンベンションセンターなどを含むファミリー型複合リゾートを建設する。また，ラスベガス・サンズ（Las Vegas Sands）社が所有するマリーナ・ベイ・サンズ・リゾート（Marina Bay Sands Resorts）は，ホテル，カジノ，スケートリンク，プール，ブランド・ショップ，劇場，展示会場，コンベンションセンターを備えたMICE中心のビジネス型IRである。IRという言葉がシンガポールから生まれたといわれるほど，シンガポールはIRで大成功を収めた。この成功を目の当たりにしたアジア各国も，カジノを含むIR導入を推進し始めている。

　特に，マリーナ・ベイ・サンズ（Marina Bay Sands）は，約56億米ドルを投資して建築された地上55階規模の施設である。ホテル3店舗（2,560室）とカジノ，ショッピングモール，展示会場，コンベンション施設，劇場2ヶ所，F&B（Foods & Beverages）など多様な施設を備えた。2015年までサンズグループが雇用する従業員は約9,000人と飲食物販テナントなど約4,000人を合わせると新規雇用者は約13,000人に達する。

　また，税金およびカジノ入場料金35億米ドル，物品購買だけで約21億米ドルなどで莫大な経済波及効果を創出した。

　もう一方の，リゾート・ワールド・セントーサ（Resort World Sentosa）は，セントーサ島に位置する。2007年着工し，総投資費用49億米ドルをかけて2010年2月にオープンした。ホテル6店舗で総客室数1,840室を有し，6,500人を収容可能な6,000平方メートルの大宴会場と，26の小宴会場，東南アジアでは最初のハリウッド映画テーマパークであるユニバーサル・スタジオと水族館のアンダー・ウォーター・ワールド，

第10章　持続可能な観光へ

図表1　シンガポールMBSの規模と波及効果

規模	直接効果	短期的成果	地域企業との共生
客室数 2,561室/57階	直接雇用 9,500人	観光産業増加率 20%	地域企業と契約 91%
敷地面積 150,000㎡	関連産業波及雇用 46,000人	観光客消費支出 49%	中小企業優先 193億米ドル
延べ面積 582,300㎡	建設費 56億米ドル	訪問客数 4,000万人	協力企業リンレ 毎日30,000kg処理
従業員数 13,000人 （ショッピング施設含む）	税金納付 40億米ドル	GDP成長率 14.5%	タクシー収入増加 2,500米ドル

出典：執筆者作成　Yoon

図表2　シンガポールのマリーナ・ベイ・サンズとリゾート・ワールド・セントーサの比較

施設	マリーナ・ベイ・サンズ	リゾート・ワールド・セントーサ
Hotel ホテル	300,400㎡（51.8%）	128,917㎡（37.6%）
Convention コンベンション	121,000㎡（29.9%）	24,820㎡（7.2%）
Exhibition 展示	49,300㎡（8.5%）	9,000㎡（2.6%）
Entertainment & Shopping エンタテイメント&ショッピング	72,322㎡（12.8%）	164,900㎡（48.1%）
Gaming ゲイミング	16,720㎡（2.9%）	15,000㎡（4.4%）

出典：執筆者作成 Yoon

マリーナ・ベイ・サンズの概観
（執筆者撮影）Yoon

リゾート・ワールド・セントーサ

第Ⅲ部　遊びと人間

音楽噴水，レアメタル博物館，シンガポール歴史博物館，海洋博物館など，三つの博物館，休養施設，多様な海洋スポーツ施設を備えている。このような多様な施設の設置・運営の赤字は，カジノ収入で賄われている。

　シンガポールにある二つのIRがシンガポール全体のGDPの1.5～2.0％に寄与している。

　日本もカジノを含むIR（複合型リゾート）設立のための法律が成立しているが，カジノによる社会的副作用を最小化するための社会安全網の構築導入を検討中である。

（コラム執筆　Yoon TaeWhan）

索　引

〔欧文索引〕

Airbnb ······················· 65, 121
authenticity ······················ 62
construal level ···················· 29
context ························· 129
creative city ···················· 141
deep acting ····················· 158
ethnic tourism ···················· 43
Expedia Inc. ······················ 95
Genting ························ 187
Heterogeneity ··················· 116
information ····················· 125
Inn ···························· 102
intelligence ····················· 125
IR（複合型リゾート）············· 183
LCC ······························ 4
LCC（Low Cost Carrier）········· 121
Leiper ·························· 26
MICE（マイス）·················· 31
NEW ツーリズム ················· 30
OLDツーリズム ·················· 30
OTA ···························· 93
past tense ······················· 29
Perishability ···················· 116
Priceline Group ··················· 95
SIT ···························· 138
Statler ························· 103
surface acting ··················· 158
temple stay ····················· 172
the drifter（漂流家）·············· 66
the explorer（探検家）············ 66
the individual mass tourist（個人マスツーリスト）······················ 66
the organized mass tourist（団体マスツーリスト）······················ 66
Thomas Cook···················· 20, 85
Thomas Cook & Son社 ············· 88
Tourismの語源 ·················· 167
tourism resources ················· 41
UNWTOによる定義 ··············· 17
Urry ····························· 3
world tourism barometer ············ 2
WWTC ························· 144

〔和文索引〕

あ　行

アウトバウンド ···················· 6
遊び ··························· 182
「遊び」の意味 ···················· 16
遊びの分類 ····················· 183
慰安型モデル ····················· 66
"家"という概念 ·················· 128
家刀自 ························· 134
家の運営 ······················· 134
意思決定プロセス ················· 81
異質性（Heterogeneity）·········· 116
伊勢参り ························ 88
伊勢参りの大衆化 ················· 20
異文化理解（＝他者理解）·········· 11
移民ビジネス ····················· 58
イメージとは ····················· 73
イン（Inn）····················· 102
インテリジェンス（intelligence）···· 125
インテリジェンス化 ·············· 125

197

インバウンド……………………… 6
インフォメーション（information）・125
裏…………………………………… 130
エスニックツーリズム（ethnic tourism）
　…………………………………… 43
エデュテインメント…………… 182
演出された真正…………………… 63
エンタテインメント…………… 182
オーバーツーリズム………… 4, 64
女将……………………………… 134
御師…………………………… 88, 168
御師制度…………………………… 88
お接待…………………………… 170
五方色……………………………… 57
おもてなし………………… 130, 156
おもてなしのウソ……………… 155
オンライン・トラベル・エージェント
　…………………………………… 93

か 行

外国人雇用の容易度…………… 149
解釈レベル（construal level）……… 29
開発………………………………… 41
解放感……………………………… 69
過去時制（past tense）…………… 29
可処分所得産業…………………… 25
簡易宿所営業…………………… 112
環境容量………………………… 189
観光………………………………… 16
観光客体…………………………… 21
観光経営人材育成……………… 150
観光研究…………………………… 13
観光行動…………………… 65, 177
観光資源…………………………… 74
観光資源（tourism resources）…… 41
観光資源の特性…………………… 46
観光システム……………………… 25

観光主体…………………………… 21
観光情報…………………………… 72
観光大国…………………………… 73
観光地選択行動…………………… 75
観光地のライフサイクル……… 186
観光地ブランド価値……………… 83
観光の定義………………………… 17
観光の範囲………………………… 18
観光の本質………………………… 4
観光のまなざし…………………… 62
観光媒体…………………………… 21
観光ブーム………………………… 87
観光プロモーション……………… 74
観光文化…………………………… 62
観光立国実現に向けたアクション・
　プログラム……………………… 11
観光立国実現に向けたアクション・
　プログラム2015……………… 123
観光立国推進基本法……………… 5
観国之光…………………………… 16
韓国のイメージ…………………… 51
韓国の精神文化………………… 175
感情労働………………………… 158
企業等の会議……………………… 31
企業等の報奨・研修旅行………… 31
キャラバンサライ……………… 102
教育の一手段……………………… 87
行間……………………………… 130
禁酒運動家………………………… 87
近代ホテルの誕生……………… 103
緊張感……………………………… 69
具現化する人材………………… 162
クラブツーリズム………………… 97
グランドツアー…………………… 19
グリーン観光…………………… 177
クリエイティブエコノミック… 139
クリエイティブツーリズム…… 139

198

クリエイティブツーリズムの概念 … 129
グローカリゼーション戦略 ………… 50
グローバルOTA ………………… 96
グローバル化 …………………… 9
グローバルビジネスの本質 ………… 4
経験 …………………………… 77
経験型モデル …………………… 66
経験価値 ………………………… 77
経済成長の諸段階 ……………… 29
経済的持続的発展性 …………… 190
経済波及効果および市場調査事業 … 31
下宿営業 ……………………… 112
ゲンティン（Genting）………… 194
見聞 …………………………… 64
権力格差 ……………………… 132
「権力格差」の大小 …………… 133
高度大衆消費社会 ……………… 29
交流 …………………………… 99
顧客サービス ………………… 149
顧客参加型マーケティングシステム構築
　……………………………… 97
顧客対応 ……………………… 128
顧客理解 ……………………… 156
国際化 ………………………… 9
国際会議 …………………… 31, 35
国際観光客到着数 ……………… 3
国際観光支出 …………………… 4
国際競争力ランキング ………… 127
国内OTA ……………………… 96
国民文化次元 ………………… 132
国連防災世界会議 ……………… 35
御三家 ………………………… 109
個人主義 ……………………… 132
個人主義・集団主義 …………… 133
個人的動機 ……………………… 76
古宅 ……………………… 136, 137
古典的なツーリズム・ビジネス …… 23

「コト」の消費 ………………… 71
コモディティ …………………… 77
雇用創出寄与度 ………………… 144
雇用と解雇の柔軟性 …………… 149
娯楽型モデル …………………… 66
コリアンタウン化 ……………… 54
コンテクスト（context）……… 129
コンテクストの観点 …………… 131
コンテンツツーリズム ………… 46

さ　行

サービス ……………………… 77
産業化 ………………………… 103
サンティアゴ・デ・コンポステーラ・30, 167
シェアリングビジネス ………… 101
「時空間」情報 ………………… 72
自己傾注力 …………………… 161
資質 …………………………… 151
自然観光資源 …………………… 42
持続可能な観光の国際年 ……… 192
持続的発展の原則 ……………… 190
士大夫家 ……………………… 136
実験的モデル …………………… 66
実存型モデル …………………… 66
社交 …………………………… 64
収益モデル ……………………… 85
集団主義 ……………………… 132
宿泊サービス ………………… 126
宿泊施設の不足 ……………… 124
宿泊施設の分類 ……………… 117
宿泊ビジネス ………………… 101
出発地 ………………………… 26
出発地エリア ………………… 26
巡礼 …………………… 167, 169
巡礼路 ………………………… 167
少子高齢化 ……………………… 7

消費価値	76	接客態度	157
商品化	87	接点	153
情報化	72	潜在的業務能力	161, 162
情報交換アプリの普及	92	仙台国際センター	37
情報とは	72	「線」の情報	72
情報媒体	72	相互交渉力	161
情報・流行産業	25	創造都市（creative city）	141
消滅性（Perishability）	116	装置型産業	25
女性らしさ・男性らしさ	133	俗	166
庶民の巡礼	88	嫁（ソンブ）	138

た 行

庶民の旅	170	体験観光	178
所有直営方式	119	体験の場	175
宗家（ジョンガ）	138	大衆消費社会	29
長孫（ジョンソン）	138	大衆のレクリエーション	86
真意	130	大衆文化	51
人為的	63	態度	157
シンガポール	186	大都市に集中	124
人口構造	7	達成推進力	161
新御三家	109	旅体験	99
人材	144	旅の企画	87
真実の瞬間	152	旅の大衆化	86
真正	63	多様性	46
真正性（authenticity）	62	地域の適正受容問題	41
真正性の否定	63	チェーン（Chain）化時代	104
深層演技（deep acting）	158	調和性	46
人的資源	146	地理的要素	26
人的要素	26	ツーリスト	26
人文観光資源	42	ツーリストを五つに類型化	66
心理的距離	69	ツーリズム	15
スタットラー（Statler）	103	ツーリズム・システム	27
聖	166	ツーリズム・ビジネス	15
生態学的持続的発展性	190	ツーリズムの語源	16
生態観光	177	ツーリズムマーケット	2
聖地巡礼の形態	168	ディアスポラ・ビジネス	57
製品	77	ディアスポラのコミュニティ	58
世界観光指標	2		
接客サービス	161		

テーマ観光	177
デスティネーション	189
デスティネーション・マーケティング	190
展示会・イベント	31
伝統社会	29
伝統的宿泊施設	136
伝統的文化宿泊施設	136
伝統の色	57
伝統の創造	44
「点」の情報	72
テンプルステイ	166
テンプルステイ（temple stay）	172
同時性	25
都市ブランディング	40
トーマス・クック（Thomas Cook）	20, 85
ドラマブーム	49

な 行

仲間作り	30, 97
21世紀の観光の核心	177
2002年ワールドカップ	172
日本のホテル市場	108
日本旅館の歴史	107
人間行動を変容	179
人間性の回復	177
人間の基本的欲求	67
能力発揮力	161
ノスタルジー	30

は 行

ハイエンド	65
ハイコンテクストサービス	132
ハイコンテクスト文化	129
パッケージ・ツアーとは	86
パッケージ・ツアーの原型	86
パッケージツアー	28
韓STYLE育成政策	136
班家	138
韓流	48
韓流現象	57
韓流の影響	53
東日本大震災	35
ピクトグラム	38
ビジネスモデル	85
非絶対性	46
人手不足	146
非分離性＝同時性	115
表層演技（surface acting）	158
表層的文化消費	64
「不確実性の回避」文化	133
複合型観光資源	42
複合型産業	24
フランス	73
フランチャイズ方式	120
ブランド戦略	81
文化価値	71
文化観光	42, 177
文化観光商品	177
文化経験	140
文化形成	62
文化消費	55, 58
文化的アイデンティティ	43
文化的持続的発展性	190
文化的宿泊施設	137
文化的文脈	62
文化の商品化	43
文化変容	43
文化融合性	50
変化性	46
訪日外国人消費動向調査	124
訪日外国人旅行者数	5
ポップカルチャー	47

ホテル ……………………… 103	モン・サン・ミシェル …………… 81
ホテル営業 ………………………… 111	

や 行

ホテル経営 ………………………… 119	遊 …………………………………… 166
ホテル戦争 ………………………… 109	ユーザーの旅行企画 ……………… 99
ホテルの収入構造 ………………… 119	

ら 行

ホテルの分類 ……………………… 118	ラグジュアリーホテル …………… 109
ホモ・ルーデンス ………………… 182	リース方式 ………………………… 120
ポリネシアカルチャーセンター …… 45	リゾート・ワールド・セントーサ … 194
本質的文化消費 …………………… 64	立地依存型 ………………………… 24

ま 行

マス (mass) とは ………………… 20	流行や情報の影響 ………………… 25
マス化 ……………………………… 20	利用変動 …………………………… 24
マスツーリズム ……………… 19, 28	旅館営業 …………………………… 111
マスツーリズム …………………… 63	旅館の価値 ………………………… 101
マズロー …………………………… 67	旅館の軒数 ………………………… 110
街並み保存 ………………………… 41	旅館の魅力 ………………………… 126
マネジメント・コントラクト方式 … 120	旅行会社の役割 …………………… 90
マリーナ・ベイ・サンズ・リゾート	旅行業 ………………………… 85, 89
…………………………………… 194	「旅館業」とは …………………… 104
無形性 ……………………………… 115	旅行業の開拓 ……………………… 87
明示型価値共創 …………………… 131	旅行業法 ……………………… 89, 92
「面」情報 ………………………… 72	旅行形態の変化 …………………… 85
目的地 ……………………………… 27	旅行者意思決定モデル …………… 77
目的地エリア ……………………… 26	旅行消費額の推移 ………………… 11
目的地ブランド …………………… 82	旅行ビジネスモデル ……………… 93
模型文化(モデルカルチャー) …… 44	ローエンド ………………………… 65
モノの消費 ………………………… 71	ローコンテクスト文化 …………… 129
物見遊山 …………………………… 89	

《著者紹介》

姜　聖淑（カン　ソンスク）

韓国ソウル生まれ
1999年，立教大学大学院観光学研究科博士前期課程入学
2006年，立教大学大学院観光研究科博士課程修了，博士（観光学）取得
2007年から2010年まで，京都大学経営管理大学院研究員を経て，
現在，帝塚山大学経済経営学部教授

《コラム執筆者》

西本恵子　国際会議協会（ICCA）アジアパシフィック部会担当理事
　　　　　　　　　　　　　　　　　　　　　　　　　　　　　　　　Column01

米田　晶　関西学院大学大学院 経営戦略研究科先端マネジメント博士後期課程
　　　　　　　　　　　　　　　　　　　　　　　　　　　　　　　　Column02

Yoon TAEHWAN　professor, Dept Hotel & Convention Management Dong-Eui University
　　　　　　　　　　　　　　　　　　　　　　　　　　　　　　　　Column03

グローバル・ツーリズム

2019年3月30日　第1版第1刷発行	著　者　姜　　　聖　淑
2024年5月20日　第1版第3刷発行	発行者　山　本　　　継
	発行所　㈱中央経済社
	発売元　㈱中央経済グループ 　　　　パブリッシング

〒101-0051　東京都千代田区神田神保町1-35
電話　03（3293）3371（編集代表）
　　　03（3293）3381（営業代表）
https://www.chuokeizai.co.jp
印刷／東光整版印刷㈱
製本／㈲井上製本所

Ⓒ 2019
Printed in Japan

＊頁の「欠落」や「順序違い」などがありましたらお取り替えいた
しますので発売元までご送付ください。（送料小社負担）

ISBN978-4-502-30071-4　C3034

JCOPY〈出版者著作権管理機構委託出版物〉本書を無断で複写複製（コピー）することは，
著作権法上の例外を除き，禁じられています。本書をコピーされる場合は事前に出版者著
作権管理機構（JCOPY）の許諾を受けてください。
　JCOPY〈https://www.jcopy.or.jp　eメール：info@jcopy.or.jp〉

本書とともにお薦めします

新版 経済学辞典

辻　正次・竹内　信仁・柳原　光芳〔編著〕　　四六判・544頁

本辞典の特色

- 経済学を学ぶうえで，また，現実の経済事象を理解するうえで必要とされる基本用語約 1,600 語について，平易で簡明な解説を加えています。

- 用語に対する解説に加えて，その用語と他の用語との関連についても示しています。それにより，体系的に用語の理解を深めることができます。

- 巻末の索引・欧語索引だけでなく，巻頭にも体系目次を掲載しています。そのため，用語の検索を分野・トピックスからも行うことができます。

中央経済社